Identity Switch im Cyberspace

Studien zum Theater, Film und Fernsehen
Hrsg. von Renate Möhrmann
Wissenschaftliche Mitarbeiter:
Lisa Gotto und Sabine Gottgetreu

Band 43

Peter Lang
Frankfurt am Main · Berlin · Bern · Bruxelles · New York · Oxford · Wien

Silke Roesler

Identity Switch im Cyberspace

Eine Form
von Selbstinszenierung

Peter Lang
Europäischer Verlag der Wissenschaften

Bibliografische Information der Deutschen Nationalbibliothek
Die Deutsche Nationalbibliothek verzeichnet diese Publikation
in der Deutschen Nationalbibliografie; detaillierte bibliografische
Daten sind im Internet über <http://www.d-nb.de> abrufbar.

ISSN 0721-4162
ISBN 3-631-55702-7

© Peter Lang GmbH
Europäischer Verlag der Wissenschaften
Frankfurt am Main 2007
Alle Rechte vorbehalten.

Das Werk einschließlich aller seiner Teile ist urheberrechtlich
geschützt. Jede Verwertung außerhalb der engen Grenzen des
Urheberrechtsgesetzes ist ohne Zustimmung des Verlages
unzulässig und strafbar. Das gilt insbesondere für
Vervielfältigungen, Übersetzungen, Mikroverfilmungen und die
Einspeicherung und Verarbeitung in elektronischen Systemen.

www.peterlang.de

**Studien zum
Theater, Film und Fernsehen
Herausgegeben von Renate Möhrmann**

Die 1982 gegründete Schriftenreihe „Studien zum Theater, Film und Fernsehen" ist gedacht als ein Forum zur Veröffentlichung von Neuerscheinungen, die Anstöße zur Weiterentwicklung dieser Bereiche geben. Sie ist als ein Unternehmen geplant, das den schillernden Gegenstandsbereich von Theater, Film und Fernsehen durch eine Vielzahl unterschiedlicher methodischer Vorgehensweisen und inhaltlicher Akzentsetzungen in seiner ganzen Komplexität deutlich macht.
Obgleich seit etwa Mitte der 70er Jahre in der Mehrzahl der westdeutschen Hochschulen in zunehmendem Maße Veranstaltungen zum Theater, Film und Fernsehen angeboten werden, gibt es bislang keine kontinuierliche Schriftenreihe hierzu. Diesem Defizit möchten die vorliegenden Studien entgegenwirken. Sie wollen die unterschiedlichen und zum Teil noch recht diskontinuierlichen medienwissenschaftlichen Ansätze auffangen und in einen größeren theoretischen Zusammenhang stellen. So werden die einzelnen Arbeiten gleichsam als Bausteine fungieren, die in ihrer Gesamtheit den Forschungsgegenstand der Theater-, Film- und Fernsehwissenschaft widerspiegeln sollen.

Renate Möhrmann, Herausgeberin

Meinen Eltern

Zu diesem Buch

Als 1983, also vor 23 Jahren, der erste Band dieser Reihe erschien, nämlich Harald Buhlans „Theatersammlung und Öffentlichkeit. Vorüberlegungen für ein Konzept von ‚Theatermuseum'", ging es ebenfalls um Identitäts- und Vernetzungsfragen, darum wie kulturelles Erbe erlebt, inszeniert, vermittelt und bewahrt werden kann, wobei unter Identität zumeist etwas klar Definierbares, Abgegrenztes und Kohärentes verstanden wurde. Mit der nun vorliegenden Arbeit von Silke Roesler „Identity Switch im Cyberspace. Eine Form von Selbstinszenierung" wird deutlich, wie gravierend sich die sozialen Kommunikationsstrukturen durch die Computertechnologie in den letzten 20 Jahren verändert haben.

In dem Maße wie die Zugehörigkeit zu den traditionellen Bezugsinstitutionen wie Kirche, Klasse oder Verein als Rahmung von Identitätsentwicklung im Schwinden begriffen ist, gewinnen neue Bindungsformen wie zum Beispiel das Internet zunehmend an Bedeutung. Zu Recht läßt sich hier von einem Paradigmenwechsel sprechen, bei dem die bisherige Konzeption vom Menschen, die sich aus der europäischen Aufklärungsphilosophie herleitete, durch die virtuelle Welt zur Disposition gestellt wird und, wie Roesler schreibt, eine neue Zeit im Anbruch ist.

Dieser Reiseweg der Identität beziehungsweise des Identitätswechsels wird von der Autorin äußerst spannend beschrieben. Spannend auch deshalb, weil es ihr gelingt, der Gefahr, die gerade bei einem solchen Thema an jeder Wegkreuzung lauert, nämlich im Gestrüpp des szientifischen Jargons stecken zu bleiben, souverän entgeht. Der Leser kann nachvollziehen, wie der Computer mittlerweile Millionen von Menschen verbindet, die mit Verve dabei sind, ihre Identität neu zu entwerfen und zu bewerten.

‚Leben im Netz', MUDs und MUSHs, damit sind sämtliche Ausprägungsformen von virtuellen Rollenspielen gemeint, können folglich die Natur nicht bloß simulieren oder ausklammern. Sie können sogar eine zweite Natur entwerfen, welche die physische Präsenz erweitert.

Warum allerdings immer mehr Menschen dem Reiz des Virtuellen erliegen, ja fast schon in die Welt des Cyberspace flüchten, diese Frage läßt Roesler ganz bewußt offen. In Spekulative möchte sie sich nicht verirren. Wir können ihr das nur danken.

Renate Möhrmann   Paris 2006

Inhalt

		Seite
	Einleitung	12
1	Kontextualisierung	14
2	Identität und Selbstinszenierung im ‚real life'	19
2.1	Eine Begriffsbestimmmung	20
2.2	Zum Wandel der Identität – Ein historischer Abriss	21
2.2.1	Von der Vormoderne zur Moderne	21
2.2.2	Von der Moderne zur Postmoderne	23
2.2.3	In der Postmoderne	24
2.3	Das Selbst im 20. Jahrhundert – Drei exemplarische Identitätstheorien	27
2.3.1	Erik Eriksons Konzept von *Identität und Lebenszyklus*	28
2.3.2	Erving Goffmans Konzept von Ich-Identität	31
2.3.3	Anthony Giddens Konzept von *Modernity and Self-Identity*	33
3	Identität und Selbstinszenierung im Cyberspace	35
3.1	Online-Kommunikation – Rahmenbedingungen	37
3.2	‚Leben im Netz'	43
3.2.1	Was ist wirklich? Spiel oder Wirklichkeit	44
3.2.1.1	Zeit und Parallelität	45
3.2.1.2	‚Real life' und virtuelle Realität	46
3.2.1.3	Konventionen und Spielregeln im MUD	48
3.2.2	Das konstruierte Selbst im Cyberspace	51
3.2.2.1	Anonymität	52
3.2.2.2	Körper	54
3.2.2.3	Geschlecht	57
3.3	Die Frage nach der Attraktivität und Gefahr von MUDs	62
3.3.1	Kontrolle und Macht	62
3.3.2	‚Identity Workshop' – MUDs als ‚Probebühne'	63
3.3.3	‚Dungeon & Dragon' – Wenn MUDs zum ‚Verließ' werden	66
4	Multiple Identität/en – Eine Form von ‚Identity Switch'	69
4.1	Zum Krankheitsbild der Multiplen Persönlichkeitsstörung	70
4.2	Zur multiplen Identität im Cyberspace oder ‚Ich bin viele'	79
4.3	MPS und multiple Identität im Cyberspace – Ein Vergleich	83
5	Schlussbetrachtung	85
6	Ausblick	87
7	Bibliographie	90
8	Anhang	102

Einleitung

> Wer bist Du? fragte Sofie.
> [...] Sofie drückte den Zeigefinger auf die Nase im Spiegel und sagte:
> Du bist ich.
> Als sie keine Antwort bekam, stellte sie den Satz auf den Kopf und sagte:
> Ich bin du.
> [...] War es nicht ein bißchen komisch, daß sie nicht wusste, wer sie war? Und war es nicht auch eine Zumutung, daß sie nicht über ihr eigenes Aussehen bestimmen konnte? Das war ihr einfach in die Wiege gelegt worden. Ihre Freunde konnte sie vielleicht wählen, sich selber hatte sie aber nicht gewählt. Sie hatte sich noch nicht einmal dafür entschieden, ein Mensch zu sein (Gaarder 1993: 9f.)

Tatsächlich haben sich die Menschen die Frage nach dem Sein und nach der eigenen Identität zu allen Zeiten gestellt. Im Zeitalter des Cyberspace scheint diese Frage jedoch eine ganz neue Wertigkeit zu erfahren. Das ‚neue' Medium Internet[1] ermöglicht, mit dem Selbst[2] und der eigenen Identität einfacher und vor allem vielfältiger denn je zu experimentieren und insofern Begrenzungen alltagsweltlicher Lebensbedingungen zu überschreiten. Es wird zweifelhaft, ob wir heutzutage überhaupt noch von der als Gleichheit zwischen Person und ihrer gespielten Rolle definierten Identität[3] sprechen können. Aktuell setzen sich di-

---

[1] Die Begriffe Netz, Internet und Cyberspace werden in dieser Arbeit nahezu äquivalent verwendet. Dennoch sei Marcos Novaks Definition von Cyberspace erwähnt, der sich um eine Zusammenfassung verschiedener kursierender Definitionen bemüht: „Cyberspace is a completely spatialized visualization of all information in global information processing systems, along pathways provided by present and future communication networks, enabling full copresence and interaction of multiple users, allowing input and output from and to the full human sensorium, permitting simulations of real and virtual realities, remote data collection and control through telepresence, and total integration and intercommunication with a full range of intelligent products and environments in real space" (Novak 1991: 225).
[2] Den Terminus Selbst verwendet Kraus, wenn sich das Subjekt selbst zum Gegenstand seiner Beobachtung und Wahrnehmung nimmt; vgl. Kraus, Wolfgang: *Das erzählte Selbst. Die narrative Konstruktion von Identität in der der Spätmoderne.* Auf Differenzen oder aber Parallelen zu Begriffen wie Ich und Identität wird im 3. Kapitel eingegangen.
[3] Der Identitätsbegriff vermittelt in spezifisch aktueller Verwendungsweise – zumindest unausgesprochen – den normativen Sollzustand ‚gelungenen Lebens'. Gerade diese Konnotation hat ihn zugleich zum Gegenstand heftiger Kritik gemacht. Er wird von kritischen Sozialwissenschaftlern wie Theodor Adorno oder Michel Foucault, die in dieser Arbeit ausgeblendet werden, als Begriff einer ideologischen Versöhnung zwischen Subjekt und Gesellschaft gesehen, als gäbe es gelingendes Leben in einer Gesellschaft, die subjektive Lebenswünsche systematisch zerstört, entfremdet und beschädigt. Auch in der feministischen Kritik wird Identität als patriarchal bestimmte Zwangsfiguration für weibliche Subjektivität kritisiert. In diesen Kritikformen wird die oft vergessene Anpassungs- und Unterwerfungsdimension in der Passungsarbeit zwischen Innen und Außen zum Thema und in dem Maße wie sie unausgesprochen bleibt, gibt sie dem Identitätsdiskurs ideologische Aufladung.

verse wissenschaftliche Disziplinen mit dem Internet auseinander. Im Rahmen dieser Arbeit wird der Fokus lediglich auf durch das ‚neue' Medium entstehende Möglichkeiten für die Konstruktion der menschlichen Identität gerichtet. Im Zuge der Internetdebatte behandelte Themen wie Raum- und Gesellschaftskonzepte oder aber Macht- und Informationsfragen werden bewusst ausgeblendet.

Um die Arbeit im Wissenschaftsdiskurs zu situieren, schließt sich an die Einleitung ein kontextualisierendes und methodisches Kapitel an. Nachdem im dritten Kapitel zum einen der historische Wandel des Verständnisses von Identität als auch zum anderen drei prominente Identitätskonzepte des 20. Jahrhunderts vorgestellt und erläutert werden, soll im vierten Kapitel das ‚Leben im Netz'[4] in seinen verschiedenen Facetten und auf seinen vielschichtigen Bedeutungsebenen in den Blick genommen werden. Wie ist das Leben in der virtuellen[5] Welt mit dem Leben offline verzahnt beziehungsweise welcher Art sind die Auswirkungen der Netzaktivität für den Alltag der Online-Nutzer? Die Frage, ob das Leben im Cyberspace eher einem Spiel oder aber der Wirklichkeit zuzurechnen ist, soll ebenso problematisiert werden, wie die Vorstellung von der virtuellen Welt als einem angeblich regellosen Raum und einer Sphäre grenzenloser Freiheit.

In einem diskursanalytischen Verfahren wird zudem erläutert, auf Grund welcher Voraussetzungen virtuelle Charaktere im Cyberspace geschaffen werden und inwiefern das ‚Leben im Netz' zu einer modifizierten Selbstwahrnehmung im ‚real life' führen kann. Dialogisch werden Beispiele für Stilisierungen virtueller Identität und verschiedene Formen von Identitätswechseln zwischen Cyberwelt und ‚real life' gegeben. Des Weiteren wird unter Bezugnahme auf Barbara Becker als Gegenposition zu Sherry Turkle kritisch untersucht, inwiefern Identität unter Einwirkung der jeweilig vorherrschenden Technologie immer schon als ein Prozess permanent wechselnder Selbst-Inszenierungen und Selbsterfindungen betrachtet werden kann.

Im fünften Kapitel folgt schließlich eine Auseinandersetzung mit der Kategorie des Multiplen. Welche Bezüge zwischen der multiplen Identität im Cyberspace und dem Krankheitsbild der multiplen Persönlichkeitsstörung bestehen, wird zunächst zu zeigen sein. Dass die Grenzen zwischen gesunder Dissoziation und multipler Identität im Gegensatz zu krankhaften Ausprägungen von Multiplizität und ‚identity switch' fließend zu sein scheinen, wird daraufhin erarbeitet.

---

[4] Die Terminologie ist Sherry Turkles viel diskutiertem Werk *Leben im Netz. Identität in Zeiten des Internet* entlehnt.
[5] Virtuell meint unter anderem „in digitaler Form gespeichert und nur durch technische Hilfsmittel erfahrbar" (Diemers 2002: 28). Im Folgenden wird nicht auf Differenzen zwischen den Begriffen *Virtual Reality* (technologische Aspekte stehen im Vordergrund) und virtuellen Welten und Räumen (der Fokus liegt auf soziologischen Aspekten) eingegangen. Zudem stellt *Virtual Reality* lediglich einen Teilaspekt des Cyberspace dar.

Die Arbeit soll zeigen, auf welch mannigfaltige Weise Menschen im Cyberspace versuchen Körpergrenzen zu überschreiten, um das Selbst und die Identität zu modifizieren oder gar zu multiplizieren. Doch wird der Körper durch die moderne Technik wirklich obsolet? Ob das Leben im Cyberspace nicht nach wie vor, vielleicht aber in einer anderen Dimension, durch den Körper gelebt wird, wird zu prüfen sein.

Durch bedeutende Fortschritte in der Gentechnologie vollzieht sich seit dem 20. Jahrhundert ein Wandel bezüglich der Dichotomie von Erschaffenem und Erschaffenden. Natürliches und Künstliches werden geradezu ‚ineinander verschoben'. Was einst Science-Fiction war, ist nun der tatsächliche Zugriff des Wissens auf das Selbst. Mit ‚Leib und Seele' hat sich der Mensch im wahrsten Sinne des Wortes seiner „eigenen Verbesserung und Ermächtigung verschrieben" (Randow 2003: 1). So auch im Internet.

1 Kontextualisierung

> Welcome to the wonderful world of Cultural Studies – the only academic discipline for which the epithet ‚Mickey Mouse Scholarship' would probably be viewed as some kind of compliment (Meaghan Morris 1988: 180).

Meine Arbeit versteht sich als Beitrag zu den in den 70er Jahren des vorigen Jahrhunderts in Großbritannien im Rahmen der Kultur- und Medienwissenschaften entstandenen Cultural Studies, deren Ausgangspunkt in der Kulturkritik bei William Hoggart, Raymond Williams und Stuart Hall liegt. Herausragend in diesem Kontext ist die Fokussierung der Cultural Studies auf einen Kulturbegriff, der im Sinne von ‚*signifying practices*' die Gesamtheit gesellschaftlichen Handelns umfasst: Diesen Kulturbegriff der durch Handlungen produzierten Zeichen und Semantiken schiebt die semiotische Dimension sozialer Prozesse in den Vordergrund.

Die Arbeit begreift sich nicht als Motivgeschichte des virtuellen Rollenspiels, sondern als multiperspektivisch angelegten Versuch, den Untersuchungsgegenstand in das Spannungsfeld differierender, wie etwa psychologischer, soziologischer, philosophischer sowie kommunikations- und informationstechnologischer,[6] Diskurse zu verlegen. Das Verhalten von Menschen in virtuellen Rollenspielen sowie dessen Relevanz für das Leben außerhalb der virtuellen Welt soll einer Kulturanalyse auf der Basis der Cultural Studies unterzogen werden. Dies

---

[6] Die sozialwissenschaftliche Forschung zu Informations- und Kommunikationstechnologien ist selbst durch große Interdisziplinarität gekennzeichnet und Fragen der Interaktion zwischen Mensch und Computer führen an die Grenzen traditionell abgesteckter Forschungsfelder. Neue interdisziplinäre Kooperationen haben sich beispielsweise in den USA zu Stichworten wie Computer-Mediated Communication (CMC) und Computer-Supported Work (CSCW) herausgebildet.

ist also kein Buch über Computer, sondern über die intensive Beziehung zwischen Mensch und Computer und deren Auswirkungen auf unser Denken und Empfinden. Mit dem Übergang von einer „Kultur der Berechnung" (Turkle 1999: 32) zu einer Kultur der Simulation verändert sich nicht nur das, was Computer für uns tun, sondern auch das, was sie mit uns tun – mit unseren Beziehungen zu unseren Selbstkonzepten. Dabei folge ich einem elementaren Verständnis der Cultural Studies als einem intellektuellen Unternehmen, dem es um die Analyse der Beziehung zwischen Kultur und sozialem Wandel geht (Hall 1972). Diesem Vorhaben liegt die Überlegung zugrunde, dass Paradigmenwechsel in den Kulturwissenschaften – und die Geburtsstunde der Cultural Studies stellt einen solchen dar – Verweisungscharakter haben.

1999 war das Jahr der Initiation in den Cultural Studies im deutschsprachigen Raum: *Grundlagentexte zur Einführung, Der Cultural Studies-Reader* oder *Cultural Studies als Herausforderung* lauten die Untertitel der als Lesebücher konzipierten Bände. Zweifellos sind die Cultural Studies derzeit ‚en vogue'. Cultural Studies sind nach Rolf Lindner attraktiv, faszinierend und interessant, und es ließe sich hinzufügen: jung (vgl. Lindner 2000: 81); während Cultural Anthropology auf der anderen Seite das ‚gute', ‚seriöse', ‚alte' der Kulturwissenschaften darzustellen scheint (vgl. ebd.). Nach Lindner ist eine mögliche Quelle des Erfolgs der Cultural Studies darin zu sehen, dass sich diese im Nachhinein als das erste postmoderne Wissenschaftsprojekt entpuppt hätten, also auf der Höhe der Zeit seien, indem sie Alltagserfahrungen in den Wissenschaftsdiskurs einbeziehen würden (vgl. ebd.: 10). Mit ihrem inter- beziehungsweise transdisziplinären Anspruch[7] und mit ihrem theoretischen Eklektizismus verkörpern sie geradezu jenes Verschwimmen der Genres – ‚*the blurring of genres*' – wovon Clifford Geertz gesprochen hat. Es ist die Strategie der Streifzüge in andere disziplinäre Terrains, die charakteristisch für das Unternehmen Cultural Studies ist. Es ignoriert bewusst formale Trennungen zwischen Disziplinen und lässt sich gerade nicht auf bestimmte Theorien, bestimmte Methoden und bestimmte Themen festlegen. Die Cultural Studies werden folglich aus Prozessen der Synthetisierung hergestellt. Wie bereits angedeutet ist diese vielseitige und vielschichtige, nach allen Seiten offene Vorgehensweise geradezu unabdingbar für die Analyse und Interpretation des Materials dieser Arbeit. Eine Begrenzung auf einen Forschungsdiskurs beziehungsweise eine Fachdisziplin könnte den Untersuchungsgegenstand des virtuellen Rollenspiels in seiner vielschichtigen Dimensionierung nicht in den Griff bekommen und würde ihm nicht gerecht.

Richard Hoggarts *The Uses of Literacy* und Raymond Williams *Culture and Society* haben, bei aller Unterschiedlichkeit in der der Anlage und in der Perspektive, eines gemeinsam, das sie zu Gründungstexten der Cultural Studies

---

[7] Es gilt jedoch zu beachten, dass Interdisziplinarität im herkömmlichen Sinne ein durchaus konservatives Verfahren wissenschaftlicher Praxis darstellt, verfestigt sie doch disziplinäre Grenzen durch rituelle Grenzüberschreitungen.

werden lässt: Abschied zu nehmen von einem Kulturverständnis, das sich ausschließlich auf ästhetische und intellektuelle Werke und Prozesse bezieht. Dieser Abschied kommt nach Lindner wohl nirgendwo deutlicher zum Ausdruck, als in dem weniger polemisch als vielmehr programmatisch gemeinten Titel eines Essays von Raymond Williams aus dem Jahre 1958, „Culture is ordinary" (aus: Lindner 2000: 19). Kultur ist also etwas alltägliches, ein Titel, der zur Losung der Cultural Studies geworden ist, die gelebte Erfahrung und Alltagshandeln als sozial bedeutsame und kulturell bedeutungsvolle Praxen thematisieren. So wird auch in dem eingangs erwähnten Zitat von Meaghan Morris sogar dem ‚Mickey Mouse Scholarship' ein kultureller Wert zugesprochen, wobei Mickey Mouse exemplarisch für Freizeit, Vergnügen, Kommerz und die amerikanische Unterhaltungsindustrie zu stehen scheint.

Bemerkenswert ist, dass die Cultural Studies aus einem wissenschaftlichen Akt hervorgingen, der nicht nur die traditionellen Philologien mit ihrem Textkanon, sondern mit ihnen auch die klassische Akademie in Frage stellte. Die Bedrohung, die die Cultural Studies für eine Reihe von Ethnologen der Sozial- und Kulturanthropologie darstellen, liegt weniger, wie diese vermuten, darin, dass sie das angestammte Terrain der ‚Cultural Anthropology' okkupieren, als vielmehr darin, dass sie eine zeitgenössische – postmoderne – Alternative zur Analyse kultureller Formen anbieten, die die ‚Insider-Perspektive' privilegiert. Statt, wie in den Zeiten zuvor, ausschließlich Experten und Vertreter des gesellschaftlichen Aufsichtspersonals (zum Beispiel Erzieher, Pfarrer, Polizisten) nach den Befindlichkeiten der Jugend zu befragen, werden im Zuge der Durchsetzung der Popkultur Jugendliche selber zu Experten. So liegt auch das Interesse dieser Arbeit in der Bewertung und Analyse von Aussagen jugendlicher virtueller Rollenspieler und nicht etwa in der ausschließlichen Zusammenstellung wissenschaftlicher Äußerungen zu diesem Thema. Zum ersten Mal sind mit den Cultural Studies persönliche Erfahrungen nicht nur legitim, sondern haben sogar Gewicht im akademischen Feld.

An diesen Anspruch anschließend verfahren die Cultural Studies in methodischer Hinsicht im Unterschied zu den Massenkultur-Untersuchungen, die ‚top down' angelegt sind, ‚bottom up' und ‚from within'. Das Objekt der Forschung gewinnt durch diesen Perspektivenwechsel einen neuen Status, mit Lindner pathetisch ausgedrückt „eine eigene Würde" (ebd.: 61). Da wo zuvor ein Verblendungszusammenhang diagnostiziert worden sei, werde nunmehr ein Sinn behauptet und danach gefragt, was es bedeute ein Mode-, ein Dallas-Fan, ein Fußball-Hooligan zu sein. Nicht unbedacht darf nun jedoch bleiben, dass die Suche nach Sinn nicht nur die Analyse verkompliziert, sondern mit ihr auch die analysierte Handlung. „Nichts kann mehr, so hat es den Anschein, ‚einfach' getan werden, (etwa um Spaß zu haben), alles ist ein Zeichen für etwas, hat einen tieferen Sinn (Spaß als Widerstand)" (ebd.: 62). Als Folge des Perspektivwechsels (von ‚top-down' zu ‚bottom-up') lassen sich folglich die Positionen des ‚Täters' (oder Objekt des Diskurses: Deliquent, Konsument, Rezipient etc.) und des ‚Richters' (oder Subjekt des Diskurses: Anthropologe, Intellektueller, Savant etc.) nicht mehr sauber scheiden. Heute kann also ein Handelnder (Fan) Interpret (was bedeutet es, ein Fan zu sein) und ein Interpret (Subkulturforscher) Handelnder (Fan) sein (vgl. ebd.: 64). So oszilliert auch der virtuelle Rollenspieler, wie sich zeigen wird, zwischen Rezipient und Produzent der medialen Angebote. Auch Turkle vertritt dementsprechend die Meinung, dass wir uns an Computerbildschirmen in unsere eigenen Dramen projizieren, in denen wir „Produzenten, Regisseur und Star in einem sind" (Turkle 1999: 38).

Textanalyse erweist sich als der charakteristische modus operandi der Cultural Studies, während Ethnographie als „the anthropologist's trump card"[8] (Handler 1993: 993) bezeichnet wird. Auch die norwegische Sozialanthropologin Signe Howell hebt in ihrer Reflexion über Cultural Studies und Sozialanthropologie die Textzentriertheit der Cultural Studies und ihre ausschließliche Konzentration auf kulturelle Repräsentationen hervor: „On the whole, cultural studies, with a strong grounding in literary studies, has been about cultural products, representations and processes rather than social life" (Howell 1997: 107f.). Auch diese Arbeit folgt einem textanalytischen Verfahren, schließt hierbei jedoch an erhobenes Datenmaterial und somit konkrete Fallbeispiele an. Zu beachten gilt, dass vornehmlich der Datensatz von Anke Bahl, Sherry Turkle und Barbara Becker genutzt und einer Textanalyse unterzogen wurde.[9]

Abschließend sollte betont werden, dass Cultural Studies so sehr sie auch auf kulturellen Wandel antworten, so sehr sie ihn zugleich selbst vorantreiben. Diese Feststellung zu treffen ist umso wichtiger, als die Politik der Repräsentationen erklärtermaßen das Herzstück dieses intellektuellen Unternehmens bildet. Repräsentationen von Repräsentationen aber sind nicht folgenlos; sie sind Teil der Prozesse, die sie ‚widerspiegeln' und werden Teil der Vorstellungen, die mit den Repräsentationen verbunden werden. Das zeigt sich unübersehbar in jenen Fällen, wo die Analyse der Repräsentation zur Repräsentation selbst wird – etwa wenn, wie Lindner ausführt, das Warenhaus Harrods die Eröffnung einer Boutique mit einem Zitat von Roland Barthes über die Ontologie des photographischen Bildes annonciert (vgl. Lindner 2000: 113). Hier gehen offensichtlich Praktiker und Kritiker der Symbolproduktion eine symbiotische Beziehung ein. Die traditionelle Unterscheidung von Kulturproduzenten (‚encoder') und Kul-

---

[8] Die Besonderheit der Anthropologie ist also vor allem methodologisch begründet: Es ist die Ethnographie als Zugangsweise der Darstellungsform, die die Ethnologie von den Cultural Studies unterscheidet.
[9] Technische Kenntnisse sowie das psychisch-soziale Verständnis für virtuelle Rollenspiele wurden meinerseits durch rund 200 Stunden als teilnehmende Beobachterin im Netz in dem Untersuchungszeitraum zwischen August 2003 und Januar 2004 gewonnen.

turanalytiker (*'decoder'*),[10] die die Geschichte der Kritischen Theorie durchzieht, scheint angesichts dieser Entwicklung, wie bereits angesprochen, obsolet geworden zu sein.

Nachdem die vorliegende Arbeit nun also im Forschungsfeld der Cultural Studies eingebettet worden ist und als solche gelesen werden sollte, gilt es der Arbeit auch einen Konzeptbegriff der Kernkonstituente Identität zu Grunde zu legen. Orientiert werden soll sich hier an Wolfgang Kraus, der in *Das erzählte Selbst. Die narrative Konstruktion von Identität in der der Spätmoderne* das Konzept der narrativen Identität diskutiert, wie es in der narrativen Psychologie entwickelt worden ist (vgl. Sarbin 1986; Ricoeur 1989; Meuter 1995). Die Grundüberlegung dieses Konzeptes ist, dass die Prozessziele der Kohärenz und Kontinuität in der Identitätsbildung mit dem Mittel der Selbst-Narration erreicht werden. Ansätze zur narrativen Identität betonen die Offenheit und Unabgeschlossenheit des Sich-Erzählens. Kohärenz und Kontinuität müssen immer wieder von neuem erkämpft werden (vgl. Kraus 2000: 169); eine Bedingung, die so auch als adäquat, wenn nicht sogar in noch potenzierter Form, für die sich durch kontinuierliche Textentwürfe kreierende Online-Identität betrachtet werden kann.

Narrative Identität kann verstanden werden als „die Einheit des Lebens einer Person, so wie sie erfahren und artikuliert wird in den Geschichten, die diese Erfahrung ausdrücken" (Widdershoven 1993: 7). Erzählend organisiert das Subjekt also die Vielgestaltigkeit seines Erlebens. Wesentlich ist jedoch, dass die narrativen Strukturen keine Eigenschöpfung des Individuums sind, sondern immer auch im sozialen Kontext verankert und von ihm beeinflusst sind, so dass ihre Genese und ihre Veränderung in einem komplexen sozialen Prozess stattfinden. Die Identitätsprojekte können also als Selbst-Narrationen verstanden werden.[11] Sie bilden den wesentlichen Aspekt der identitätsstrategischen Bewegungen des Subjektes. Das Individuum vermittelt sich und anderen diese Projekte mit sprachlichen Mitteln. Narrativ setzt es sich also in Beziehung zur realen Welt (vgl. Kraus 2000: 170); so auch in der zum Teil rein textbasierten Online-Welt, in der jede virtuelle Spielumgebung durch einen kontinuierlich im Bildschirmfeld laufenden Chat begleitet wird. Stephen Crites geht so weit zu sagen: „Ein Selbst ohne eine Geschichte schrumpft auf die Dünnheit seines Personalpronomens zusammen" (Crites 1986: 172).

---

[10] Zum Weiterlesen empfiehlt sich Hall, Stuart: „Kodieren/Dekodieren". In: Ralf Adelmann, Jan O. Hesse und Judith Keilbach (Hrsg.): *Grundlagentexte zur Fernsehwissenschaft. Theorie – Geschichte – Analyse*. Konstanz: UVK 2000, S. 105-124.

[11] Vgl. Gergen, Kenneth J./Gergen Mary M.: „Narrative and self relationship". In: Berkowitz, L. (Hrsg.): *Advances in experimental social psychology*. New York: Academic Press 1988, S. 17-56.

Die Arbeit geht also dementsprechend von der Annahme aus, dass das was das Subjekt an Identitätsprojekten formuliert, wie es sie mit sich und anderen verhandelt, in Narrationen stattfindet. (vgl. Kraus 2000: 168).

> Wir träumen narrativ, tagträumen narrativ, erinnern, antizipieren, hoffen, verzweifeln, glauben, zweifeln, planen, revidieren, kritisieren, konstruieren, klatschen, hassen und lieben in narrativer Form" (Hardy 1968: 5).

Und auch Stuart Hall macht auf das produktive Wechselverhältnis zwischen (vermeintlicher) ‚Identitätskrise' und der Strategie der Narration zur Kontextbildung aufmerksam. Der Mensch besitze keine stabile, dauerhafte Identität mehr, sondern sei im täglichen Leben in ständiger Bewegung zwischen wechselnden Selbst- und Fremdzuschreibungen begriffen:

> The subject assumes different identities at different times, identities which are not unified around a coherent 'self'. Within us are contradictory identities, pulling in different directions, so that our identifications are continuously being shifted about. If we feel we have a unified identity from birth to death, it is only because we construct a comforting story or 'narrative of the self' about ourselves. The fully unified, completed, secure and coherent identity is a fantasy. Instead, as the systems of meaning and cultural representation multiply, we are confronted by a bewildering, fleeting multiplicity of possible identities, any one of which we could identify with – at least temporality (Hall 1992: 277).

Um für die Gesellschaft, das Gegenüber beziehungsweise den Interaktionspartner verständlich zu sein, müssen die Geschichten des Selbst nun zudem allgemein akzeptierte Regeln der narrativen Konstruktion verwenden. Es ist für das Subjekt in unserer Gesellschaft unabdingbar, sich kohärent zu erzählen. Gleichzeitig jedoch besteht die gesellschaftliche Forderung, sich als dynamisch, veränderungswillig und -fähig zu erzählen (vgl. ebd.: 179). Im Internet kann dieser Wandlungsfähigkeit in potenzierter Form gerecht werden, da der virtuelle geschaffene Charakter weder räumlichen oder optischen Restriktionen noch der Anforderung, ausschließlich Wahres und Wahrhaftiges von sich zu geben, unterliegt.

2 Identität und Selbstinszenierung im ‚real life'

Eine im stetigen Wandel begriffene Kategorie definieren zu wollen, stellt sich als schwierig heraus. Es scheint als habe jede Epoche ihr eigenes Verständnis von Identität konzipiert. Während einst Stabilität als sozial erwünschter und kulturell verstärkter Wert galt und starre Geschlechterrollen und repetitive Arbeit zu einem zentralen Element von Definitionen seelischer Gesundheit gehörten, wird heutzutage Gesundheit eher mit der Fähigkeit sich zu verändern und sich an neue Arbeitsplätze, Berufslaufbahnen, neue Geschlechterrollen und neue Technologien anzupassen, gleichgesetzt (vgl. Turkle 1999: 415). Wie sich Identität charakterisieren lässt, warum eine Definition nach wie vor oder gerade erst recht in der Postmoderne[12] schwer fällt und ob Identität tatsächlich erst in heutiger Zeit als Selbst-Inszenierungsprozess erfahren wird, soll im Folgenden erläutert werden.

2.1 Eine Begriffsbestimmung

Identität lässt sich als Antwort auf die Frage verstehen, wer man selbst oder wer jemand anderer sei. Identität im psychologischen Sinne beantwortet die Frage nach den Bedingungen, die eine lebensgeschichtliche und situationsübergreifende Gleichheit in der Wahrnehmung der eigenen Person möglich machen (innere Einheitlichkeit trotz äußerer Wandlungen). Damit hat die Psychologie eine philosophische Frage aufgenommen, die Platon in klassischer Weise formuliert hat. In seinem Dialog „Symposion" („Das Gastmahl") lässt er Sokrates in folgender Weise zu Wort kommen:

> [A]uch jedes einzelne lebende Wesen wird, solange es lebt, als dasselbe angesehen und bezeichnet: z.B. ein Mensch gilt von Kindesbeinen an bis in sein Alter als der gleiche. Aber obgleich er denselben Namen führt, bleibt er doch niemals in sich selbst gleich, sondern einerseits erneuert er sich immer, andererseits verliert er anderes: an Haaren, Fleisch, Knochen, Blut und seinem ganzen körperlichen Organismus. Und das gilt nicht nur vom Leibe, sondern ebenso von der Seele: Charakterzüge, Gewohnheiten, Meinungen, Begierden, Freuden und Leiden, Befürchtungen: alles das bleibt sich in jedem einzelnen niemals gleich, sondern das eine entsteht, das andere vergeht (Platon 1958: 127f.).

Die Frage nach der Identität hat nach Heiner Keupp eine universelle und eine kulturell-spezifische Dimensionierung. Es gehe immer um die Herstellung einer Passung zwischen dem subjektiven ‚Innen' und dem gesellschaftlichen ‚Außen', also um die Produktion einer individuellen sozialen Verortung. Die Notwendigkeit zur individuellen Identitätskonstruktion verweise auf das menschliche Grundbedürfnis nach Anerkennung und Zugehörigkeit. Es solle dem anthropologisch als ‚Mängelwesen' bestimmbaren Subjekt eine Selbstverortung ermöglichen, liefere eine individuelle Sinnbestimmung und solle den individuellen Bedürfnissen sozial akzeptable Formen der Befriedigung eröffnen (vgl. Keupp 2000: 1). Identität bildet so also mit anderen Worten ein selbstreflexives Scharnier zwischen der inneren und der äußeren Welt. Genau in dieser Funktion wird

---

[12] Postmoderne wird hier lediglich unter den Aspekten Identität, Schauspiel und Selbstinszenierung aus einem vornehmlich soziologischen Blickwinkel behandelt.

der Doppelcharakter von Identität sichtbar: Sie soll einerseits das unverwechselbare Individuelle, aber auch das sozial Akzeptable darstellbar machen. Insofern stellt sie immer eine Kompromissbildung zwischen Eigensinn und Anpassung dar. Dieses Problem der ‚Gleichheit in der Verschiedenheit', wie Keupp es nennt (ebd.), beherrscht auch die Identitätstheorien des 20. Jahrhunderts, denen sich im Anschluss an den historischen Abriss gewidmet wird.

2.2 Zum Wandel der Identität - Ein historischer Abriss

In einem kurzen historischen Abriss soll der Wandel dreier Identitätsfiguren beziehungsweise -muster, beginnend in einer vormodernen Phase über eine moderne bis hin zu einer postmodernen[13] Phase, nachgezeichnet werden. Die Skizzierung der Historie der realweltlichen Identität bildet die Basis für die zu einem späteren Zeitpunkt darzustellenden Möglichkeiten der Selbstdarstellung im Cyberspace.

2.2.1 Von der Vormoderne in die Moderne

Der Mensch der Vormoderne war in die lokal geprägten Beziehungen von Dorf-, Familien- und Religionsgemeinschaften eingebunden. Dies habe laut Bausinger die Wahl- und Entscheidungsmöglichkeiten innerhalb seiner Lebensführung erheblich minimiert und folglich ein Gefühl von persönlicher Identität nur schwer entstehen lassen (aus: Bahl 2002: 20). Vielmehr war die Identität jener Zeit

> eine Funktion von festgelegten Rollen und eines traditionalen Systems von Mythen, die Orientierung und religiöse Sanktionen boten [...]. Identität war sozusagen ‚unproblematisch' und nicht Gegenstand von Reflexion oder Diskussion. Individuen durchlebten keine Identitätskrisen, noch änderten sie radikal ihre Identität (Kellner 1992: 141).

---

[13] Das Verhältnis von Moderne und Postmoderne wird sehr unterschiedlich verhandelt. Die einen verstehen darunter Epochenbegriffe, andere wiederum eher theoretische Bezugssysteme und Standorte, von denen aus die derzeitige Epoche betrachtet wird. Bezüglich der Abgrenzung von Epochen selbst besteht zudem keine Einigkeit. Während manche Kulturwissenschaftler die Moderne mit der einsetzenden Funktionalen Differenzierung um 1800 ansetzen, wird ihr Beginn unter Bezugnahme auf Descartes eher schon im 17. Jahrhundert gesehen (Giddens 1996: 9). Unterschiedliche Meinungen bestehen auch bezüglich der Datierung der Postmoderne. Während ein Lager unter Identitätsgesichtspunkten an Freuds Theorien um 1900 anknüpfen, sprechen andere erst seit den 50er Jahren oder sogar noch später von Postmoderne. Auf Differenzen oder aber Parallelen zu Begrifflichkeiten wie Spät- oder Hochmoderne (ebd.: 201) wird bewusst nicht detailliert eingegangen, sondern es soll lediglich auf ihre Existenz verwiesen werden.

Die Frage nach einer konstruierten beziehungsweise bewusst gewählten Identität prägt daher die philosophische Diskussion im Grunde erst seit der Moderne. Mit Peter Wagner gilt es zu bedenken, dass die Moderne einen Zeitraum von 200 Jahren umfasst und nicht als statische Epoche betrachtet werden darf.[14] Er macht in *Soziologie der Moderne* (1995) darauf aufmerksam, dass dieser Zeitraum im Gegenteil vielmehr von höchst dynamischen und zugleich widersprüchlichen Entwicklungen gekennzeichnet sei. Die Idee der Moderne sei zudem nicht einfach ‚siegreich', sondern immer auch mit antimodernistischen Tendenzen konfrontiert gewesen. Wagner verweist außerdem darauf, dass alle historischen Ordnungsversuche trügerisch seien. Sie würden eine zeitliche Reihung von Diskursen und Denkfiguren suggerieren, die in einer solchen Klarheit nicht bestehen würden. Es gilt also festzuhalten, dass nicht von einem klar definierten stufenförmigen Aufbau der drei Epochen – Vormoderne, Moderne, Postmoderne – ausgegangen werden kann.

Dennoch beginnt mit der Auflösung des traditionell gottzentrischen, christlichen Weltbildes (Galilei 1564 - 1642) der Prozess der Freisetzung des Einzelnen – der Individualisierung. Eine veränderte Perspektive auf das Individuum kommt zudem wenige Jahre später mit Descartes (1596 – 1650) auf. Seine Thesen führen zur Selbstbeschreibung des Menschen als Subjekt,[15] „der anspruchvollste Titel, den der Mensch sich jemals zugelegt hat" (Luhmann 1994: 48). Mit der Erfindung des Subjekts wird der Mensch also zunehmend in seinen selbstreferenziellen Mechanismen und selbst bestimmten Fähigkeiten begriffen. Er besteht nicht mehr nur aus einer von Gott geschaffenen unsterblichen Seele und einem sterblichen Leib.[16] Von dem sich als Subjekt begreifendem Individuum wird von nun an eine Identität gefordert. Es soll zum Zwecke einer „gewisse[n] soziale[n] Berechenbarkeit" (http://www.phil-fak.uni-duesseldorf.de/germ4/pott/SubjektNL.pdf) in verschiedenen Situationen dieselben Personenmerkmale aufweisen. Der Bezug zu der von Keupp herausgearbeiteten Problematik der ‚Verschiedenheit in der Gleichheit', der das Individuum gerecht werden muss, ist offensichtlich.

Ab dem 19. Jahrhundert sieht Richard Sennett dann vor allem in Großstädten ein besonderes Potential für die nun neue Herausbildung von Individualität und Identität. In den Großstädten würde sich eine Vielfalt an neuen, kaum mehr überschaubaren, gesellschaftlichen Zusammenschlüssen und Räumen eröffnen.

---

[14] Es gilt zu beachten, dass Wagner des Weiteren die Moderne selbst in Frühmoderne, klassische Moderne und Spätmoderne unterscheidet (Wagner 1995: 33ff.).

[15] Ein schon von den alten Griechen verwendeter Begriff, dem nun jedoch neue Bedeutung zugewiesen wird.

[16] In Anlehnung an Luhmann laufen diese Prozesse über das Konzept der Selbstliebe, der Ausdifferenzierung von ‚amour-propre' und ‚amour de soi', von anfänglicher Negativbewertung der Selbstsucht zum natürlichen Recht des Menschen auf Selbsterhaltung (http://www.phil-fak.uni-duesseldorf.de/ germ4/pott/ SubjektNL.pdf).

„[D]ie Möglichkeit, in unterschiedliche Rollen zu schlüpfen und dadurch eventuell auch sozial aufzusteigen" (Sennett 1994: 150) nähme dadurch immens zu. Der Mensch der Moderne beginnt demzufolge, sein Selbst regelrecht zu inszenieren und sich in ständigem Wandel zu begreifen. Jene Prozesse lassen Sennett eine „Pluralisierung der Lebenswelten" (ebd.: 150) erkennen, mit der ein neues Gefühl von Freiheit einhergehe. Parallel zu den geschilderten Prozessen wird zudem das frühere starre Standesbewusstsein von einem flexibleren, vor allem ideologisch motivierten Schichtbewusstsein abgelöst.

Generell lässt sich die Phase der Moderne[17] durch die Trennung in eine öffentliche und eine private Sphäre charakterisieren: So wie sich jemand nach außen gibt und für andere erscheint, muss er in seinem inneren Selbst nicht mehr sein. Täuschung und Verstellung sind von nun an Realität. Schauspielkunst und Rollenbeherrschung gewinnen an Bedeutung. Der Öffentlichkeitsmensch ist ob der neu erfahrbaren Freiheit laut Sennett geradezu zu einem Schauspieler (vgl. ebd.: 143) geworden, dessen Handeln kaum Rückschlüsse auf seinen Charakter beziehungsweise seine wahre Identität zulassen.

Die moderne Identität wird also zusammenfassend ausgedrückt mobiler, multipler, selbstreflexiver und Gegenstand von Veränderung und Innovation. Hinzu kommt die soziale Bezogenheit der Identität, wie sie von vielen Theoretikern der Moderne betont worden ist und sich dann auch in den Identitätstheorien findet (vgl. James 1890; Mead 1934). Identitäten werden wähl- und veränderbar. Der grundlegende Gedanke der Moderne ist also die Idee der Konstruierbarkeit der eigenen Identität (Kraus 2000: 23).

2.2.2 Von der Moderne zur Postmoderne

Die bereits geschilderten Prozesse der Moderne oder vielmehr deren Konsequenzen (Giddens 1996: 11) zeigen sich schließlich in der Postmoderne[18] in potenzierter Form: „[D]ie Menschen werden aus den Sozialformen der industriellen Gesellschaft – Klasse, Schicht, Familie, Geschlechterrollen – freigesetzt und zunehmend auf individualisierte Existenzformen verwiesen" (Bahl 2002: 23). Das historisch Neue besteht nach Ulrich Beck und Elisabeth Beck-Gernsheim darin, dass das, „was früher wenigen zugemutet wurde – ein eigenes Leben zu führen –, nun mehr und mehr Menschen, im Grenzfall allen abverlangt" (Beck/Beck-Gernsheim 1994: 21) werde.

---

[17] In der Soziologie ist die Moderne durch die Ausdifferenzierung von gesellschaftlichen Teilbereichen gekennzeichnet. Durch Selbstreflexion, Selbstverwechslung und Selbstbeschreibung kommt es zu Individualisierung.
[18] Die Postmoderne ist deutlich von einer noch stärker ausgeprägten Individualisierung und Hinwendung zum ‚anders' sein geprägt.

Beck macht zudem darauf aufmerksam, dass besonders in der Bundesrepublik Deutschland durch das Mehr an Einkommen, Bildung, Mobilität, Recht, Wissenschaft und Massenkonsum (vgl. Beck 1986: 119) ein gesellschaftlicher Individualisierungsschub in Gang gesetzt worden sei. Er weist darauf hin, dass mit diesen Individualisierungsprozessen jedoch zugleich auch ein Vergesellschaftungsprozess einhergegangen sei. Traditionelle Bindungen seien gegen Zwänge des Arbeitsmarktes und der Konsumexistenz, also sekundäre Instanzen wie Bildungs- und Berufssysteme, ausgetauscht worden (vgl. ebd.: 211). Trotz dieser Rahmenbedingungen sei es zu Individualisierungsprozessen gekommen, welche Beck und Beck-Gernsheim als die „institutionalisierte Individualisierung" (Beck/Beck-Gernsheim 1994: 21) bezeichnen. Sie erläutern, dass mit der Freisetzung aus vorgegebenen sozialen Lebensformen zugleich Zwänge und Anforderungen einhergegangen seien – ein jene Zeit charakterisierendes Paradoxon.

2.2.3 In der Postmoderne

Vom Menschen der Postmoderne wird nun also mehr denn je verlangt, sein eigenes Leben aktiv zu gestalten. Dies führt nach Beck und Beck-Gernsheim zum „Ende der festen, vorgegebenen Menschenbilder" (ebd.: 16). Vielmehr könne der Mensch von nun an als „homo optionis" (ebd.) bezeichnet werden, was dem Subjekt folglich eine neue Verantwortlichkeit bezüglich des eigenen Tuns auferlege. In der Kontrastierung der fünfziger Jahre mit den achtziger und neunziger Jahren des 20. Jahrhundert stehen – identitätsbezogen – primär Prozesse der Individualisierung, der Entwurzelung aus klassischen Gruppen- und Integrationsformen im Fokus. Wenn also die Verheißung der Moderne, das Subjekt könne oder müsse sich auf radikale Weise selbst konstruieren, immer schon zu ihrem Programm gehörten, so ist sie doch erst jetzt in vollem Umfang und über viele Bevölkerungsgruppen hinweg einlösbar geworden. Aus einer postmodernen Perspektive wird Identität immer fragiler. Der Begriff der Identität selbst gerät nahezu als Mythos und Illusion in Zweifel. Immer wieder geht es um die Frage der Kohärenz, der Zersplitterung, der Dezentrierung des Subjektes. Es scheint, als seien die Subjekte wie nie zuvor zu einer „Bastelexistenz" (Hitzler & Hohner 1994) gezwungen, zum Provisorium einer „Patchwork-Identität" (Keupp 1988) angesichts disparater lebensweltlicher Erfahrungen. Nach den postmodernen Analysen wird die aktuelle Subjektkonstitution bestimmt von Erfahrungen der Dezentrierung und Desintegration.

Kennzeichnend für die Postmoderne sind zudem Debatten um den Prozess der Fragmentierung, der in der Schnittmenge zwischen einem realweltlichen und virtuellen Identitätsdiskurs situiert werden kann. Aktuell stehen euphorische Zukunftsvisionen einer globalen Weltgesellschaft in Kontrast zu „kritisch-pessimistischen Einschätzungen des drohenden Zerfalls von Gesellschaft durch ein partikulierendes Medium" (Becker/Paetau 1997: 7) – dem Internet, auf das im Folgenden als wesentliche Konstituente und auch als Prozessor der Postmoderne eingegangen werden soll.

Kritiker betrachten die Cyberwelt als bloßen Schein, als Flucht oder leere Zerstreuung und sprechen von der Gefahr, in der virtuellen Welt verloren zu gehen. Hegel hat in seinen frühen Schriften erstmals die „Fragmentierung der modernen Gesellschaft als Entzweiung von Individuum und Gesellschaft zu einem zentralen Thema der Philosophie gemacht" (Brunner 1997: 11): Die Aufklärung und die bürgerliche Welt hatten, wie erläutert, das moderne Individuum hervorgebracht, wie sie gleichzeitig seine traditionellen Bindungen und Orientierungen in der Gesellschaft auflösten. Die Trennung der Lebensbereiche in Stadt und Land, die Entwicklung und Differenzierung der gesellschaftlichen Sektoren der Arbeit, des Handels und der Kultur, der Wissenschaften und der politisch-administrativen Organisation hatten das überkommene Ordnungsgefüge aufgelöst und neue soziale Interaktionsformen und ein neues Selbstverständnis des Verhältnisses von Individuum und Gesellschaft hervorgebracht. Individuelles und allgemeines Interesse traten auseinander.

Heute meint Fragmentierung,[19] dass das Subjekt eher aus diversen Teilstücken, also Fragmenten, zusammengesetzt ist, als ein integriertes Ganzes zu bilden. Das Subjekt wird durch die Vielzahl an Möglichkeiten gezwungen, sich immer wieder neu zu hinterfragen, zu entscheiden und diese Wahl zukünftig zu rechtfertigen. Die Identität der Gegenwart und Zukunft, heißt es, sei ‚delocalized' – ohne wirkliches Zentrum, ohne Basis. So sei der Mensch der Postmoderne „[v]erstrickt in eine Vielzahl von disparaten Beziehungen, Orientierungen und Einstellungen, konfrontiert mit in hohem Maße heterogenen Situationen, Begegnungen, Gruppierungen, Milieus und Teilkulturen" (Bahl 2002: 27). Tatsächlich werden die im vierten und fünften Kapitel folgenden Beispiele zeigen, dass virtuelle Rollenspieler Erfahrungen mit Multiplizität in Form von mehreren parallel gespielten Charakteren im MUD machen. Jedoch sei bereits an dieser Stelle darauf hingewiesen, dass Fragmentierung nicht etwa mit Multiplizierung gleichzusetzen ist. Während Fragmentierung vielmehr eine gewisse Unvollständigkeit impliziert, meint Multiplizität im Allgemeinen eher ein Nebeneinander von unabhängigen Teilen.

Cyberspace-Forscher wie Howard Rheingold und William Mitchell begreifen das Internet als einen öffentlichen Raum. Barbara Becker, Gloria Mark und Daniel Diemers vertreten zudem die Ansicht, dass gerade das Internet der Fragmentierung entgegenwirken würde. Schließlich sei das Netz für Teilnehmer aller

---

[19] Bemerkenswert ist, dass im Fragmentarischen geradezu eine „Dialektik von Dekonstruktion und Rekonstruktion" (Brunner 1997: 14) vorliegt. So hat Fragment auch die Bedeutung „des Überrestes, des Ruinhaften" (ebd.: 15). Folglich meint Fragmentierung nicht den absoluten und vollkommenen Zerfall des Alten; vielmehr weist das Neue noch immer einen rudimentären Bestand des Alten auf.

sozialen Schichten permanent zugänglich[20] (vgl. Becker/Mark 1999: 61; Diemers 2002: 129) und würde in dieser Hinsicht „a kind of social integration" (Becker/Mark 1999: 61) ermöglichen. Es würde daher den „tendencies of fragmentation and individualisation in modern western societies" (ebd.: 71) entgegenwirken. In diesem Sinne äußert sich auch die in Deutschland lebende US-Amerikanerin Tracy zu ihrem Internetzugang an der Uni: „I have an account for a year! I exist!" (Bahl 2002: 119). Für Tracy ermöglicht also erst die Computertechnologie die Kommunikation mit ihren Freunden in den USA und in diesem Sinne geradezu ihre Existenz. Auch Nils Zurawski meint, dass das Internet spätestens seit 1995 mit dem Durchbruch des *World Wide Web* „die freie, grenzüberschreitende und vom Staat weitgehend unkontrollierte Kommunikation und damit gleichzeitig [...] Frieden, Freiheit und das Ende jeglicher Despotie" (Zurawski 1999: 5) verspräche.

Zweifellos erfährt die Exploration des Subjekts also durch den in der Postmoderne aufkommenden Cyberspace eine neue Dimension. Doch was ist nun überhaupt noch das ‚wahre' Selbst? Mit welchem Körper identifiziert man sich, wenn man mindestens zwei, nämlich einen virtuellen und einen realen Körper besitzt? Das Internet ist offensichtlich zu einem „wichtigen Soziallabor für Experimente mit jenen Ich-Konstruktionen und -Rekonstruktionen" (Turkle 1999: 289) geworden. Schließlich bildet dieses mit „seinen unzähligen virtuellen Räumen" (Bahl 2002: 28) eine weitere Ebene zur Darstellung und gegebenenfalls auch Multiplizierung seines Selbst und potenziert somit die im ‚*real life*' gegebenen Möglichkeiten. Turkle meint daher, dass wenn die traditionelle Identität Gleichheit meine und beinhalte, „das Leben auf dem Computerbildschirm von heute Multiplizität und Heterogenität" (Turkle 1999b: 95) implizieren würde. Folglich hofft sie, dass die

> vielen Manifestationen von Multiplizität in unserer Kultur, inklusive der Annahme multipler Online-Persönlichkeiten, zu einem allgemeinen Überdenken traditioneller, einheitlicher Vorstellungen von Identität beitragen (ebd.: 97).

Nach Turkle entspricht die heute fließende und vielfältige Vorstellung von Identität der wörtlichen Bedeutung der lateinischen Wurzel ‚idem', ‚dasselbe' und ‚Gleichheit' bedeutend, nicht mehr (vgl. Turkle 1997: 332f.).[21] Die Selbsterfahrung durch virtuelle Rollenspiele würde „Unsterblichkeit, Vielfältigkeit, Hetero-

---

[20] Stegbauer meint jedoch, dass sich in virtuellen Kommunikationsräumen zwangsläufig eine Struktur herausbilden würde, „die in ähnlicher Weise wie in der nichtmedialen Situation, [die] Gleichheit der Kommunikationspartner verhinder[n]" (Stegbauer 1999: 659) würde.
[21] Bei der Lektüre Turkles ist es jedoch angebracht, sich nicht unhinterfragt auf die zum Teil unscharfen Verweise auf eine poststrukturalistische Dekonstruktion moderner Subjektauffassung zu verlassen.

genität und Zersplitterung" (Turkle 1999: 298) bedeuten und derartige Identitätserlebnisse stünden demnach im Widerspruch zur Wurzel des Wortes ‚idem'.
Dennoch sollte Turkles Begriffskritik entgegen gehalten werden, dass „Identität niemals so eindeutig festgelegt war, wie es der revolutionäre Pathos mancher Kulturdiagnostiker nahezulegen scheint" (Becker 2000: 17). Demzufolge dürfte also die Benennung nicht erst in jüngster Zeit fragwürdig erscheinen. Vielmehr hat beispielsweise auch die Schilderung des Subjekts in der Moderne gezeigt, dass Identität immer Resultat von Selbsterfindungsstrategien war und keine stets einheitliche Struktur aufgewiesen hat. Auch Becker und Schneider machen darauf aufmerksam, dass das Spiel mit der Identität und die Lust an der Überschreitung körperlicher Grenzen weder ein vollkommen neues Phänomen seien, noch würden sich diese Explorationen „auf Prozesse im Kontext computertechnologischer Innovationen" (Becker/Schneider 2000: 7) beschränken. Vielmehr hätten die Menschen jeder Zeit versucht, aus starren Rollenzuweisungen auszubrechen und verschiedene Formen von Identität, etwa in Form von öffentlicher Rede, Beichte, Theater- und Rollenspielen, Tagebüchern unter anderem, zu erproben.[22] Becker betrachtet gerade die Ex-Zentrizität und beständige Umformung als das Besondere des Subjekts (Becker 1997: 174). Daher widerspricht auch sie der These, dass das Subjekt erst in heutiger Zeit mit dem Selbst experimentiere. Vielmehr sei Subjektivität immer schon „Produkt individueller wie kollektiver Einbildungskraft und damit Prozeß unaufhörlicher Transformationen" (ebd.). An diese These anschließend sollen im Folgenden die drei im westlichen Kulturraum wohl bedeutendsten Identitätstheorien des 20. Jahrhunderts vorgestellt werden.

2.3 Das Selbst im 20. Jahrhundert – Drei exemplarische Identitätstheorien

Der in aller Kürze dargestellte historische Abriss hat deutlich gemacht, dass die Kategorie der Identität immer im jeweiligen historischen Kontext betrachtet

---

[22] Neben kulturellen Räumen, wie der Großstadt und der aus der Summe der Menschen resultierenden Anonymität, bestehen auch traditionell besondere Zeiten, die das Spiel mit den Identitäten erlauben. Ein Beispiel hierfür ist die Fastnacht beziehungsweise der Karneval. Der Volkskundler Werner Metzger vermutet, dass in der „Sehnsucht vieler Menschen nach vorübergehender Auslöschung ihrer Identität durch Verkleidung oder Maskierung" eine der „zentralen anthropologischen Grundbefindlichkeiten" (Metzger 1980: 213) angesprochen werde. Wesentlich an der Verkleidung ist, dass diese nur vorübergehend ist und dass bei der Teilmaskierung die Identität des Trägers noch zu erkennen ist. Der Reiz liegt also zudem in der für jedermann erkennbaren Diskrepanz zwischen der Rolle des Darstellers und jener des Dargestellten. Ein besonderer Fall von Maskierung liegt zweifellos vor, wenn Menschen nicht nur auf der Bühne oder im Rahmen der Gastnacht eine andere Identität annehmen, sondern die Verkleidung fest zu ihrem Alltag gehört. Dieses Verhalten ist besonders bedeutungsvoll, wenn es den Wechsel der Geschlechtsidentität beinhaltet. Derartige Ausprägungen werden unter den Termini *Cross-dressing* und *Gender-Crossing* verhandelt.

werden muss und eine Definition nach wie vor schwer fällt. Wie nun die angeblich neue Identitätserfahrung in der Moderne und Postmoderne von Psychologen und Sozialwissenschaftlern theoretisch erfasst wird, soll durch die Darstellung ausgewählter Theorieansätze erläutert werden.

2.3.1 Erik Eriksons Konzept von *Identität und Lebenszyklus*

Wer über Identität nachdenkt, ist in guter Gesellschaft, wenn er mit dem Ansatz von Erik H. Erikson beginnt (vgl. Krappmann 1992; Fend 1991; Lohauß 1995; Haußer 1995). Seine Überlegungen besitzen eine solche Vielfalt von Bezügen, dass sie auch nach vierzig Jahren noch in hohem Maße anregend sind. Zudem bildet Eriksons Werk eine Brückenfunktion zwischen einer Vielzahl von Spezialdiskursen. Psychoanalyse, Entwicklungspsychologie, Sozialpsychologie und Soziologie: Uu ihnen allen finden sich Bezüge im Eriksonschen Ansatz. In seinen Arbeiten hat Erikson das Identitätsprojekt der Moderne exemplarisch gefasst.

Erikson bezeichnet sein Entwicklungsmodell als ein epigenetisches Modell. Es geht davon aus, dass eine Neubildung und Erweiterung von Können auf der Grundlage vorangegangener Entwicklungsschritte stattfindet. Unter einem narrationstheoretischen Blickwinkel, wie im Rahmen dieser Arbeit angedacht, kann man die Identitätsbildung nach Erikson also als Fortsetzungsroman betrachten. Die Entwicklung wird als Stufenfolge durchlebt, die sich folgendermaßen darstellt:

(1) Säuglingsalter – Urvertrauen gg. Misstrauen
(2) Kleinkindalter – Autonomie gg. Scham und Zweifel
(3) Spielalter – Initiative gg. Schuldgefühle
(4) Schulalter – Werksinn gg. Minderwertigkeitsgefühl
(5) Adoleszenz – Identität gg. Identitätsdiffusion
(6) Frühes Erwachsenenalter – Intimität gg. Isolierung
(7) Erwachsenenalter – Generativität gg. Selbstabsorption
(8) Reifes Erwachsenenalter – Integrität gg. Lebens-Ekel (vgl. Erikson 1966: 150f.)

Während zunächst auf der linken Seite die zeitliche Phase benannt wird, werden auf der rechten Seite die sich in diesem Zeitabschnitt entwickelnden Muster beziehungsweise Prozesse genannt. Der rechts vom Bindestrich erstgenannte Begriff deutet auf eine ‚gesunde' Entwicklung hin, während sich der zweite auf eine ‚gestörte' Prozessentwicklung bezieht.

Als erste Komponente einer gesunden Persönlichkeit nennt Erikson das Gefühl eines Ur-Vertrauens, worunter er eine auf die Erfahrungen des ersten Lebensjahres zurückgehende Einstellung zu sich selbst und zur Welt versteht (vgl. ebd.: 62). Das Ur-Vertrauen ist somit als der Eckstein einer gesunden Persön-

lichkeit zu begreifen. Es wird nach Erikson in einer oralen Phase gebildet, in der die Mutter das Kind stillt und ihm insofern ein Gefühl größtmöglicher Geborgenheit, Intimität und Nähe vermittelt.
Identität, die erst am Ende der Kindheit zum bedeutendsten Gegengewicht gegen die potentiell schädliche Vorherrschaft des kindlichen Über-Ichs wird, erlaubt dem Individuum später, sich vor der übermäßigen Selbstverurteilung und der diffusen Abneigung gegenüber Andersartigem zu befreien. Diese Freiheit ist nun eine der Voraussetzungen dafür, dass das Ich die reife Sexualität, die neuen Körperkräfte und die Aufgaben eines Erwachsenen zu integrieren vermag. So hat Erikson

> darzustellen versucht, daß die in der Kindheit gesammelten Ich-Werte in die Ich-Identität münden. Das Gefühl der *Ich-Identität* ist also das angesammelte Vertrauen darauf, daß der Einheitlichkeit und Kontinuität, die man in den Augen anderer hat, eine Fähigkeit entspricht, eine innere Einheitlichkeit und Kontinuität (also das Ich im Sinne der Psychologie) aufrechtzuerhalten (ebd.:107).

Das bewusste Gefühl, eine persönliche Identität zu besitzen, beruht also auf zwei gleichzeitigen Beobachtungen: der unmittelbaren Wahrnehmung der eigenen Gleichheit und Kontinuität in der Zeit, und der damit verbundenen Wahrnehmung, dass auch andere diese Gleichheit und Kontinuität erkennen. Mit der Ich-Identität wird nach Erikson also ein Zuwachs an Persönlichkeitsreife angedeutet, „den das Individuum am Ende der Adoleszenz der Fülle seiner Kindheitserfahrungen entnommen haben muß, um für die Aufgaben des Erwachsenenlebens gerüstet zu sein" (ebd.: 123).
In Eriksons Identitäts-Begriff sehen wir viele Elemente eines ‚klassisch modernen' Verständnisses von Identität versammelt: Identität als adoleszente Entwicklungsaufgabe, die Zukunft wird konkreter, erscheint erreichbar, man entwickelt sich zu einer bestimmten Person. Die Adoleszenz ist die letzte und abschließende Phase der Kindheit an deren Ende Lebensentwürfe und persönliche Projekte stehen. Für die Identitätsbildung als Entwicklungsaufgabe der Adoleszenz unterscheidet Erikson die beiden Pole der Identität und der Identitätsdiffusion. Identität wird verstanden als ein Kriterium relativer psychosozialer Gesundheit, Identitätsdiffusion dagegen als das korrespondierende Kriterium relativer Störung. Identitätsdiffusion meint eine (vorübergehende oder dauernde) Unfähigkeit des Ich zur Bildung einer Identität. In einer normalen Entwicklung ist davon auszugehen, dass das erstere dauerhaft überwiegt, wenn es auch das zweite nie ganz verdrängen wird (vgl. ebd.: 149). Zu beachten gilt, dass die Identitätsbildung nicht mit der Adoleszenz beginnt oder endet: Sie ist vielmehr eine lebenslange Entwicklung, die für das Individuum und seine Gesellschaft weitgehend unbewusst verläuft.

Der Begriff des Selbst war bei Freud noch nicht systematisch unterschieden vom Begriff des Ich.[23] Erikson fordert jedoch, „daß hinsichtlich des wahrnehmenden regulierenden Verkehrs des Ich mit seinem Selbst die Bezeichnung ‚Ich' für das Subjekt, die Bezeichnung ‚Selbst' für das Objekt reserviert werden sollte. Es stünde dann dem Ich als der organisierenden Zentralinstanz im Laufe des Lebens ein veränderliches Selbst gegenüber" (aus: Kraus 2000: 15). Das Eriksonsche Selbst ist zwar veränderlich und dynamisch, aber es hat das ‚Verlangen' nach Übereinstimmung auf der Zeitachse, nach Kohärenz und Kontinuität, strebt also danach, immer wieder in einen homöostatischen Zustand zu gelangen. Das Selbst stellt also die Gesamtwahrnehmung der eigenen Persönlichkeit dar und leitet sich aus der Unzahl höchst unterschiedlicher und zum Teil widersprüchlicher Selbste ab.[24]

Es gilt abschließend anzumerken, dass Eriksons Modell in den 80ern teilweise heftig kritisiert wurde. Die Kritik bezog sich vor allem auf seine Vorstellung eines kontinuierlichen Stufenmodells, dessen adäquates Durchlaufen bis zur Adoleszenz eine Identitätsplattform für weitere Erwachsenenleben sichern würde. Das Subjekt hätte dann einen stabilen Kern ausgebildet, ein „inneres Kapital" (Erikson 1966: 107) akkumuliert, das ihm eine erfolgreiche Lebensbewältigung sichern würde. Thematisiert wurde auch seine Unterstellung, als würde eine problemlose Synchronisation von innerer und äußerer Welt gelingen. Die Leiden, der Schmerz und die Unterwerfung, die mit diesem Anpassungsprozess gerade auch dann, wenn er gesellschaftlich als gelungen gilt, verbunden sind, werden nicht aufgezeigt.

Das Konzept von Erikson ist dennoch unauflöslich mit dem Projekt der Moderne verbunden. Es überträgt auf die Identitätsthematik ein modernes Ordnungsmodell regelhaft-linearer Entwicklungsverläufe. Es unterstellt eine gesellschaftliche Kontinuität und Berechenbarkeit, in die sich die subjektive Selbstfindung verlässlich einbinden kann. Gesellschaftliche Prozesse, die mit Begriffen wie Individualisierung, Pluralisierung, Globalisierung angesprochen sind, haben das Selbstverständnis der klassischen Moderne grundlegend in Frage ge-

---

[23] Freud hat den Begriff des ICH in vielerlei Hinsicht benutzt und mit verschiedenen Vorgängen oder Begrifflichkeiten Verbindung gebracht (Ich-Libido, Ich-Trieb, Ich-Spaltung etc.). Ganz allgemein kann gesagt werden, dass Freud im Verlauf seiner theoretischen Bemühungen zwei Topiken des psychischen Apparats entworfen hat. Die erste Topik entsteht im Anschluss an den *Entwurf einer Psychologie* von 1895, die direkte Vorarbeit zur 1900 erschienen *Traumdeutung*; die zweite Topik nach der berühmten Wende von 1920 in *Das Ich und das Es* von 1923. Die erste Topik ist als ‚Topographisches Modell', die zweite als ‚Strukturmodell' in die Literatur eingegangen. Im topographischen Modell hatte Freud den psychischen Apparat wesentlich durch drei Systeme oder Leistungen zu beschreiben versucht: Das Unbewusste, das Vorbewusste, das Bewusstsein; im späteren Strukturmodell kennzeichnet Freud die psychischen Instanzen als ES, ICH und Über-ICH.
[24] Es sei bereits darauf hingedeutet, dass der Begriff des Selbst noch in Bezug auf den Persönlichkeitsbegriff im vierten und fünften Kapitel von Bedeutung sein wird.

stellt. Der dafür stehende Diskurs der Postmoderne hat auch die Identitätstheorie erreicht. In ihm wird ein radikaler Bruch mit allen Vorstellungen von der Möglichkeit einer stabilen und gesicherten Identität vollzogen. Identität wird nicht mehr als Entstehung eines inneren Kerns thematisiert, sondern als ein Prozessgeschehen beständiger alltäglicher Identitätsarbeit, als permanente Passungsarbeit zwischen inneren und äußeren Welten. Die Vorstellung von Identität als einer fortschreitenden und abschließbaren Kapitalbildung wird zunehmend abgelöst durch die Idee, dass es sich bei Identität um ‚Projektentwürfe' geht oder um die Abfolge von Projekten, wahrscheinlich sogar um die gleichzeitige Verfolgung unterschiedlicher und teilweise widersprüchlicher Projekte.

Eriksons Modell ist nach Kraus dort aktuell beziehungsweise auf der Höhe der Zeit, wo es mit der Beschreibung misslingender Identität eine Brücke zur aktuellen Identitätsdiskussion herstellen würde. Denn vieles, was Erikson als Hintergründe wie als Erscheinungsformen der Identitätsdiffusion benenne, ließe sich ohne weiteres mit postmodernen Analysen der Subjektentwicklung parallelisieren: Sich nicht festlegen wollen, zu viele Entscheidungen auf einmal treffen müssen; sich in unterschiedlichen Zeitlogiken der unterschiedlichen Lebenswelten zurechtfinden müssen (vgl. Kraus 2000: 21).

2.3.2 Erving Goffmans Konzept von Ich-Identität

In den 60er und 70er Jahren hat vor allem Erving Goffman dasjenige untersucht, was er meist „Selbst", manchmal „Identität", seltener aber „Ich" nennt. Goffmans soziologische Schriften enthalten keine phylogenetischen oder ontogenetischen Untersuchungen der Art, wie sie etwa bei Gehlen, Mead, Freud und Piaget vorliegen. Er hat also keine Studien zur Entwicklung des infantilen Ich unternommen. Den aus dem philosophischen Idealismus stammenden Begriff des Selbstbewusstseins gibt es bei ihm praktisch nicht; der Internationalisierung kommt in seinen Büchern keinerlei systematische Bedeutung zu. Er geht vielmehr von dem Miteinander Erwachsener aus; sein Ansatz ist zudem interaktionistisch (vgl. Zahlmann 1975: 20).
In seiner Untersuchung über Stigmata[25] unterscheidet Goffman soziale, persönliche und Ich-Identität. Für ebenso angemessen wie den von Erikson entwickelten Begriff der Ich-Identität hält Goffman den Terminus Selbst-Identität.[26] Ich-Identität benennt das „Empfinden seiner [SR: des Individuums] eigenen Situation und seiner eigenen Kontinuität und Eigenart"; es handelt sich also um eine „subjektive und reflexive Angelegenheit" (Goffmann 1967: 132). Nach der Psychogenese und Ontogenese der Reflexivität jedoch fragt Goffman ebenso wenig

---
[25] Vgl. Goffman, Erving: *Stigma. Über Techniken der Bewältigung beschädigter Identität*. Frankfurt a.M. 1967 [1963].
[26] Ähnlich äußert sich Erikson selbst in: *Identität und Lebenszyklus*. Frankfurt a.M. 1966, S. 191.

wie nach der Kontinuität des Bewusstseins selbst. Im Zusammenhang mit der von vielen Seiten erörterten Situation des Stigmatisierten nennt Goffman Ich-Identität, was das diskreditierte Individuum über sich denken sollte (vgl. ebd.: 155); Ich-Identität heißt folglich Selbstbild. Determinanten dieses Selbstverständnisses sind vor allem soziale Stereotype. Gewahrt man so die Ich-Identität eines Menschen im Kraftfeld der interessengebundenen Meinungen und Propagandaaktionen, löst sie sich, diese Einflüsse einmal weggedacht, tendenziell in ein Nichts auf. Ich-Identität ist bei Goffman nicht die Einheit der Mannigfaltigkeit oder dasjenige, welches dadurch, dass es verschieden ist, eins bleibt. Vielmehr spricht er – in Anlehnung an William James[27] – von der

> Vielzahl von Ichs [...], die man in dem Individuum findet, wenn man es aus der Perspektive der sozialen Rolle betrachtet, wo es, wenn das Auseinanderhalten der diversen Rollen und der entsprechenden Bezugsgruppen gut gehandhabt wird, ganz bequem verschiedene Ichs aufrechterhalten und bis zu einem gewissen Grad beanspruchen kann, etwas einmal Gewesenes nicht länger zu sein (ebd.: 81f.).

Verschiedenheit wird also ohne Einheit vorgestellt; der Gedanke der Einheit ist in Goffmans Ich-Identität nicht enthalten. Prinzipiell ist das Selbstbild eines Menschen aus den gleichen Materialien gefertigt, aus denen andere seine – und diese Unterscheidung stellt Goffman dem Begriff der Ich-Identität gegenüber – soziale und persönliche Identität konstruieren. „Soziale und persönliche Identität sind zuallererst Teil der Interessen und Definitionen anderer Personen hinsichtlich des Individuums, dessen Identität in Frage steht" (ebd.: 132). Bei der persönlichen Identität geht Goffmann zunächst davon aus, dass jemand persönlich bekannt ist, was grundsätzlich für Primärgruppen zutrifft. Er definiert jene als „positive Kennzeichen oder Identitätsaufhänger und die einzigartige Kombination von Daten der Lebensgeschichte, die mit Hilfe dieser Identitätsaufhänger an dem Individuum festgemacht wird" (ebd.: 74). Identifikationsaufhänger sind beispielsweise das photographische Bild eines Menschen in der Erinnerung eines anderen, das Wissen um jemandes Stellung in einem Verwandtschaftsnetz oder der Name einer Person. Um diese Identitätsaufhänger herum werden in Erfahrung gebrachte biographische Details, die der vom einzelnen ausgeübten Informationskontrolle unterliegen, organisiert. Persönliche Identität bedeutet mit anderen Worten, als dieser bestimmte Mensch bekannt zu sein, der seine Bestimmtheit durch eine spezifische Kombination biographischer Merkmale erhält. Das ist aber nicht alles: Persönliche Identität, ein Wissen anderer, ist im Grunde als etwas Nichtpersönliches konzipiert. Ihr Begriff kommt dem der legalen oder

---

[27] James definiert das Selbst als das Insgesamt dessen, was ein Mensch sein nennen kann. Dieses Insgesamt unterteilt James dreifach, indem er die Bestandteile des Selbst unter den Begriffen des (körperlich-)materiellen, sozialen und geistigen ‚Mich' zusammenfasst (vgl. James 1950).

juristischen Identität nahe. Mittels Identitätsdokumenten, die der Selbstdarstellung Grenzen setzen, kann die persönliche Identifizierung erfolgen.

Im Gegensatz zur persönlichen bestimmt Goffman die soziale Identität folgendermaßen: „Wenn ein Fremder uns vor Augen tritt, dürfte uns der erste Anblick befähigen, seine Kategorie und seine Eigenschaften, seine ‚soziale Identität' zu antizipieren" (ebd.: 10). Dieser Terminus ist ihm zufolge besser geeignet als ‚sozialer Status', weil er außerdem persönliche Charaktereigenschaften einschließe, aus denen Goffman jedoch nicht die persönliche Identität eines Menschen konstruiert. Den Unterschied beider Identitäten exemplifiziert er so: Kleidet sich ein Geschäftsmann der oberen Mittelklasse absichtlich schlecht und verbringt ein Wochenende in einem billigen Ferienort, so verhüllt er seine soziale Identität (oder seinen Status); trägt sich dieser Geschäftsmann im Hotel unter einem falschen Namen ein, gibt er eine Fehldarstellung seiner persönlichen Identität (vgl. Zahlmann 1975: 23). Stigmatische, aber auch prestigeträchtige Zeichen eines Menschen betreffen dessen soziale Identität. Offenbart jemand nach einer gewissen Zeit seinen Bekannten geheime Mängel oder Schwächen, werden diese Stigmata einschließlich des Versuchs, sie zu verbergen oder von ihnen loszukommen, zu einem Bestandteil seiner persönlichen Identität. Es wird nach Zahlmann nicht deutlich, warum Goffman der persönlichen Identität dergestalt eine soziale Identität zur Seite stellt. Der (berufliche) Status und die Eigenschaften – beides wird man mehr auseinanderrücken müssen, als Goffman es tut – gehören doch zu den biographischen Details, die vom Identitätsaufhänger organisiert werden, sofern der Status nicht selbst ein solcher Aufhänger ist. Jemandes Name und Stellung in einem Verwandtschaftsnetz können Hauptindikatoren eines Status, seiner sozialen Identität sein. Insofern kann die von Goffman getroffene Unterscheidung zwischen persönlicher und sozialer Identität meines Erachtens nach kaum aufrechterhalten werden (vgl. auch Zahlmann 1975: 23).

2.3.3 Anthony Giddens Konzept von *Modernity and Self-Identity*

Anthony Giddens setzt die Moderne zeitlich äquivalent mit der industrialisierten Welt – „so long as it be recognised that industrialism is not its only institutional dimension" (Giddens 1991: 14). Vielmehr impliziere der Prozess der Industrialisierung auch Verschiebungen und Veränderungen in sozialen Beziehungen sowie die nun immense Bedeutung maschineller Kraft im Produktionsprozess, die wiederum Auswirkungen auf das menschliche Arbeiterdasein sowie allgemein menschliches Verhalten habe. Einen zweiten Paralleldiskurs beziehungsweise Bedeutungsstrang der Moderne bildet nach Giddens der Kapitalismus „where the term means a system of commodity production involving both competitive product markets and the commodification labour power" (ebd. 15). Gemeint ist also ein durch Angebot und Nachfrage bestimmter konkurrierender Warenmarkt.

Als wesentlicher die Spät- beziehungsweise Hochmoderne[28] kennzeichnender Prozess muss nach Giddens zudem die Trennung von Zeit und Raum genannt werden; während „[i]n pre-modern settings, however, time and space were connected *through* the situatedness of place" (ebd.:16). Die Folge ist die Bildung einer Selbst-Identität unter Einflüssen der Globalisierung. Das Individuum müsse sich sozusagen zwischen Globalität und Lokalität verorten, wobei sich das eine nicht ohne das andere denken ließe (vgl. ebd. 32): „Changes in intimate aspects of personal life, in other words, are directly tied to the establishment of social connections of very wide scope" (ebd.). Zwar gäbe es auch nach wie vor intime Beziehungen auf engem Raume, grundsätzlich seien die Raum-Zeitdifferenzen in der Hochmoderne jedoch in einem globalen Milieu angesiedelt. Räumliche Distanzen seien für zwischenmenschliche Beziehungen mehr und mehr unbedeutend (vgl. ebd.). In Giddens Konzept wirkt also offensichtlich eine stark raumtheoretisch ausgerichtete Perspektive auf den Identitätsbegriff ein.

Aus soziologischer Sicht hat Giddens (1991: 74ff.) nun zusammengefasst, was Selbst- oder Identitätskonstruktion heute, in der ‚late modernity' oder ‚high modernity' (vgl. ebd.: 4) wie er es nennt, kennzeichnet:

(1) Das Selbst wird zum reflexiven Projekt: „Wir sind nicht, was wir sind, sondern was wir aus uns machen."
(2) Das Selbst bildet eine entwicklungsmäßige Verlaufskurve. Im Entwicklungsgeschehen zwischen Kindheit und Zukunft wird deren innere Kohärenz durch die jeweilige Lebensspanne erzeugt.
(3) Die Reflexivität des Selbst ist kontinuierlich und alles durchdringend: „Was geschieht gerade mit mir? Was denke ich? Was tue ich? Was fühle ich?"
(4) Identität entsteht in einem narrativen Prozess: „Ich erzähle mich selbst."
(5) Selbstverwirklichung bedeutet die Schaffung persönlicher Zeitzonen, die bewusst gegen die äußere Zeit gesetzt werden.
(6) Die Selbstreflexivität bezieht den Körper ein.
(7) Selbstverwirklichung wird im Spannungsfeld von Chancen und Risiken verstanden.
(8) Authentizität wird zum Leitfaden der Selbstverwirklichung.
(9) Identität vollzieht sich in „Übergängen", die ohne gesellschaftliche Stützrituale gelebt und gestaltet werden.

---

[28] Giddens und auch Beck deuten neue durchgreifende Veränderungen als eine zweite Phase der Moderne, als Spätmoderne oder auch Hochmoderne. Im Gegensatz zu den Protagonisten der Postmoderne beharren diese Autoren noch auf den Moment einer relativen Kontinuität zur ‚ersten Moderne'. Die ‚zweite Moderne' bietet nach Giddens und Beck neue Chancen der Integration, eine Perspektive der Formierung neuer Ordnungen des Verhältnisses von gesellschaftlichen Handlungsbereichen und Prozessen der Individualisierung, die man schlagwortartig als Interaktion trotz und in der Differenz bezeichnen könnte (vgl. Giddens 1996: 190 ff.).

(10) Die Verlaufskurve der Identitätsentwicklung ist unheilbar selbstreferentiell: Ich muss meine Lebenserzählung in sich stimmig präsentieren (vgl. Punkte (1)-(10) aus: Keupp 2000: 2f.)

Erläuternd und als wesentlich die Epoche kennzeichnend ist hinzuzufügen, dass das in (1) angesprochene reflexive Projekt „in the context of multiple choice as filtered through abstract systems" (Giddens 1991: 5) eingebettet ist. Das Subjekt sieht sich also mit einer Vielzahl von Optionen konfrontiert. Wem es nicht gelänge diese Optionen zu beurteilen und eine oder mehrere bestimmte auszuwählen, könnte möglicherweise psychische Leiden als Folge der Nichtentscheidungsfähigkeit entwickeln. So kennzeichnet Giddens persönliche Bedeutungslosigkeit als „a fundamental psychic problem in circumstances of late modernity" (ebd.: 9). Mit anderen Worten ist Selbst-Identität nicht etwas Gegebenes, sondern, wie schon mehrfach angeklungen, das Ergebnis kontinuierlichen Wahlverhaltens, das es zu reflektieren gilt (vgl. ebd.: 52) und „for which the individual is responsible" (ebd.: 75); ein Bezug zu Goffmans Reflexionsbegriff ist offensichtlich. Außerdem weist Punkt (4) ein zu Kraus paralleles Verständnis auf. Das Selbst wird als narratives Konstrukt begriffen, wobei die dem Individuum anhaftende beziehungsweise selbst kreierte Narration als etwas Fragiles begriffen werden sollte (vgl. ebd.: 185).

Besondere Bedeutung misst Giddens zudem dem Körper als Träger beziehungsweise Konstituente von Selbst-Identität bei. Giddens sagt, „the body is not just a physical entity which we 'possess', it is an action-system, a mode praxis, and its practical immersion in the interactions of day-to-day life is an essential part of the sustaining of a coherent sense of self-identity" (ebd.: 99). Auch der Körper könne also nicht als etwas Fixes begriffen werden, sondern sei, ebenso wie das Geschlecht, ein Aktionssystem, welches an den für die Spät- und Hochmoderne typischen Reflexionsprozesse gekoppelt sei (vgl. ebd.: 217). Dynamik, Wahlmöglichkeit und Reflexion eingebettet in einen globalen Kontext kennzeichnen also Giddens Konzept von Selbst-Identität in der Spät- und Hochmoderne. In dem Maße, wie Identität zum Unabschließbaren wird, muss sie selbst zum – unabschließbaren – Projekt werden. Was einst das Fundament für den Selbstentwurf war, ist zum Prozess geworden, welcher eine Dynamisierung des Identitätsbegriffs evoziert.

3 Identität und Selbstinszenierung im Cyberspace

Die Bedeutung von sozialen Lebenswelten und sozialen Netzwerken wird in Theorien zur Sozialisation von Jugendlichen, der seit Erikson ‚klassischen' Phase individueller Identitätsentwicklung, zunehmend betont. In dem Maße, wie die Zugehörigkeit zu sozialen Großgruppen (Kirche, Klasse, Religion) als soziale Rahmung von Identitätsentwicklung nicht mehr verfügbar ist, gewinnen andere soziale Formen an Bedeutung: Soziale Netzwerke in neuen Lebenswelten, wie zum Beispiel in virtuellen Spielumgebungen, werden zu einem bedeutsamen Element für die Erhaltung und Entwicklung von Identität. Zweifellos bringt das ‚Sich-Einlassen' auf das Internet zwingend Fragen zum Vorschein, „die sich im Kern immer wieder auf die Problematik der Konstitution von Identität zurückführen" (Isensee 1999: 109) lassen. Im Internet zeigt sich nun die wohl reinste Form der soeben für die Postmoderne erarbeiteten Charakteristika, weshalb es im Fokus dieser Arbeit stehen soll.

Wie jedes Medium veranlassen uns auch Computer dazu, Dinge auf neue Weise wahrzunehmen. Zu jedem Zeitpunkt unseres Lebens versuchen wir, uns in die Welt zu projizieren. Waren es einst Zeichenstift, Knetmasse und Tagebücher, ist es heute das Internet, das zur Erweiterung unseres Selbst dient (vgl. Turkle 1999: 44). Es verbindet mittlerweile Millionen von Menschen, wodurch laut Turkle nicht nur die Form der Gemeinschaftsbildung, sondern auch unsere Identität selbst verändert (vgl. ebd.: 9) würde. Der Computer zwinge die Menschen geradezu dazu, „ihre Identität neu zu bestimmen und zu bewerten" (Der Spiegel 1996: 68).

Grundvoraussetzung für jedes Leben und Erleben in der Cyberwelt ist, dass durch computergestützte Kommunikation zwei entscheidende Sicherheitszusagen für die zwischenmenschliche Interaktion außer Kraft gesetzt werden: Die Angesichtigkeit und der geographische Raum. So ist Identität im Netz nicht von visuellen Merkmalen abhängig, sondern „manifestiert sich allein in Worten, textlichen Entwürfen, die von keinem [SR: zumindest realweltlichen] Körper getragen werden" (Bahl 2002: 129).

Nach Turkle können wir durch Computer nicht nur die Natur in einem Programm simulieren oder ausklammern, sondern in der Tat eine zweite Natur entwerfen und in dieser existieren. Wir begännen geradezu, in virtuellen Welten[29] zu leben, wodurch unsere physische Präsenz erweitert würde (vgl. Turkle 1999: 28). Turkle kommt zu dem Schluss, dass sich eine „Neubestimmung der Identität von Mensch und Maschine" (ebd.: 37) vollziehen müsse. Auch der Computer sei von einem einstigen Objekt zu einem Subjekt geworden.

Doch was hat es nun mit dem ‚Leben im Netz' auf sich? Inwiefern dienen MUDs als ‚Bühnen' zur Gestaltung und Stilisierung unseres Selbst beziehungsweise als Schauplätze „selbstgewählter Identitäten" (Zurawski 1999: 168)?

---

[29] Diemers betrachtet die Prozesse von Virtualisierung, Cyborgisierung und Bionisierung als die wesentlichen Charakteristika unserer Zeit. Er definiert den Begriff der Virtualisierung als sozialen „Prozess der zunehmenden Digitalisierung und Vernetzung von Daten und Medien, wodurch virtuelle Realitäten erzeugt werden, die mehr und mehr zu einem Bestandteil des täglichen Lebens werden und die nicht virtuelle Lebenswelt zunehmend durchdringen" (Diemers 2002: 62).

3.1 Online-Kommunikation – Rahmenbedingungen

Zunächst sollen die für diese Arbeit relevanten Formen von Online-Kommunikation, MUDs und MUSHs[30] genannt, erläutert werden. Während Formen wie Talk oder Internet Relay Chat einem Telefongespräch zwischen zwei Personen oder aber einer Telefon-Konferenz ähneln, sind MUDs vor allem Spiele, die „eine neue Form von virtueller Realität" (Turkle 1999: 291) entstehen lassen.

MUD steht in Anlehnung an das Fantasy-Rollenspiel ‚Dungeon & Dragon' für ‚Multi-User Dungeon' oder ‚Multi-User Domains'. Anfang der Siebziger trat dieses einstige Brettspiel seinen ‚Siegeszug' an.[31] Dabei erschafft der Dungeon Master einer ursprünglich rein text-basierten[32] Welt, in der die Mitspieler fiktive Rollen übernehmen und Abenteuer erleben. So auch im ersten wirklichen MUD im Netz, welches im Zusammenhang mit Experimenten zur Künstlichen Intelligenz 1979 an der englischen Universität Essex von Studenten erarbeitet wurde (vgl. Bahl 2002: 60). Mittlerweile spielen in den meisten heute existierenden MUDs Verliese und Drachen jedoch keine Rolle mehr.

Sobald man sich über eine Terminalemulation eingewählt hat, muss der Spieler einen nach seinem Belieben zu gestaltenden Charakter entwerfen. Diverse Rassen und Geschlechter, wie weiblich, männlich und auch unbestimmt, stehen hierbei zur Verfügung. Außerdem muss sich der Spieler einen freiwillig gewählten Namen geben, der meist auf den Charakter des Spielers beziehungsweise auf dessen Selbstbild verweist.

Auf die große Relevanz der Namensgebung in der realen Welt sei kurz eingegangen: Der Mensch kann als vorläufige oder gar endgültige Antwort auf die Frage: Wer bin ich? seinen Namen nennen (vgl. Zahlmann 1975: 1). „Das Kind sagt seinen Namen, bevor es ‚ich' sagt, und braucht seinen Namen, um sich als Ich zu bestimmen" (de Levita 1971: 219). Mit dem Vornamen wird das

---

[30] Im späteren Verlauf der Arbeit meint MUD sämtliche Ausprägungsformen von virtuellen Rollenspielen.
[31] Auch traditionelle Rollenspiele fördern das Nachdenken über persönliche und interpersonale Aspekte. Spiele jedoch, die in ununterbrochen zugänglichen virtuellen Gesellschaften wie MUDS stattfinden, konzentrieren sich nach Turkle auf größere soziale und kulturelle Themen. Der dem Netz angeschlossene Computer diene „als evokatorisches Objekt für das Nachdenken über die Gemeinschaft" (Turkle 1997: 327). Dazu würden sich MUD-Spieler um eine neue, wenn auch noch zögerliche Diskussion über die Beschaffenheit einer sozialen Welt, die von Menschen und Programmen bewohnt würde, bemühen.
[32] Es existieren auch virtuelle Umgebungen mit zusätzlichen auditiven und visuellen Kanälen. Zur Kompensation für fehlende körpersprachliche Signale in den rein text-basierten MUDs stehen in der Befehlssyntax eine große Bandbreite von Möglichkeiten, wie etwa *Emoticons* oder expressive Verben zur Verfügung. Während diese artikulierte Körpersprache in der „Offline-Welt unangemessen oder überzeichnet wirken würde, ist sie in der virtuellen Welt unabdingbar und setzt hier vielmehr verständliche Signale" (Bahl 2002: 64).

Kind also identifiziert und identifiziert sich selbst dadurch. Der Name bildet das erste Element zur Selbstidentifikation. Von Anfang an hat das Individuum der realen Welt zudem einen Familiennamen. Bei Findelkindern ist dieser unbekannt und um aufzuzeigen, dass das Problem ihrer familiären Abstammung noch offen ist, könnten sie im Grunde genommen fürs erste ohne Nachnamen bleiben. Dies geschieht jedoch nicht; aus Verwaltungsgründen wird ihnen ein beliebiger Name gegeben.[33] Der Name weist den Menschen zudem in der Regel als Angehörigen einer bestimmten Kultur aus. So ist das Wort ‚Schmidt', anders als ‚Smith' oder ‚Herrero', aber wie die Mehrzahl der Namen im Geltungsbereich der deutschen Sprache ohne weiteres als deren Bestandteil erkenntlich. Bemerkenswert ist zudem ein soziologisch-räumlicher Aspekt, der über das Identifikationspotential des Namens hinausgeht. In ländlichen Gegenden kennt jeder Einheimische jedermanns Namen und gibt es mehrere Träger des gleichen Namens, werden sie durch qualifizierende Zusätze unterschieden. Wohnt das Individuum in einer Großstadt, wissen nur noch seine Freunde, Verwandten, Bekannten, Nachbarn und Arbeitskollegen, wer gemeint ist, wenn der Name fällt. Unter urbanen Bedingungen muss sich das Individuum also mit anderen Worten erst ‚einen Namen machen', um aus der Anonymität herauszutreten; auf dem Land ist dies nicht nötig.

In der virtuellen Umgebung kann der Spieler nun eine Figur darstellen, anonym bleiben und dabei eine oder mehrere Rollen spielen, die dem wirklichen Selbst beliebig nah oder fern sind (vgl. Turkle 1997: 325). Eine mögliche Kurzcharakterisierung könnte wie folgt lauten:

> Tune the best female bard in town [elf, bard, 18]:
> Tune is a tall elf. She looks rather beautiful. Her face is pale and looks very aristocratic. It also looks a bit strange to you. The eyes are a bit different from any eye you have ever seen before. They look wise though a bit arrogant upon you and seem to see everything you feel. You get an uncanny feeling. Her beautiful eyes make you think, that she isn't able to harm any monster. But the chain around her neck prooves something completely different. She is slightly hurt (Bahl 2002: 61f.).

Wie beim Internet Relay Chat gilt auch im MUD, dass alle Informationen zur Charakterisierung seines Selbst leicht manipulierbar sind und somit wenig Sicheres über die sich dahinter verbergende Person zu erfahren ist. Auch Natascha Adamowsky meint, dass der Cyberspace eine „Wirklichkeit ohne Wahrheit" (Adamowsky 2000: 205) sei. Für MUD-Spieler stellt dieser jedoch eine Sphäre dar, die möglicherweise als wesentlicher Schauplatz ihres Lebens betrachtet wird, über deren Wahrheitsgehalt der Geschehnisse und Wahrhaftigkeit der Figuren allerdings keine Gewissheit besteht.

---

[33] Bisher unerforscht ist, welche Entwicklung das Individuum nehmen würden, wenn es ohne Namen bliebe.

Auch die Landschaft wird in MUDs allein durch Text erschaffen. Sie basiert auf Raumbeschreibungen, durch die sich die Spieler per Mausklick hindurchbewegen. Dieses Vorgehen umschreibt Adamowsky lautmalerisch mit dem „Knattern der Tastatur", da alles aus Schrift erschaffen sei: „[J]ede Oberfläche, jeder Raum, jeder Körper, das ganze Gelächter, zärtliche Gesten, durchbohrende Blicke" (ebd.: 193). Sie erläutert weiter, dass anscheinend totale Sinnesreizung nicht notwendig mit dem Gefühl von Lebendigkeit einhergehen müsse. Vielmehr würden MUDs bemerkenswerter Weise zeigen, dass es auch gerade die Sinnesarmut sein könne, die die Simulation ausmache (vgl. ebd.: 194). Adamowskys These folgend scheint die Sinnesarmut beziehungsweise Körperlosigkeit in virtuellen Umgebungen nicht generell als Hemmnis oder möglichst zu kompensierendes Negativum empfunden zu werden; ein Aspekt, der im Folgenden noch mehrfach erläutert wird. Zunächst jedoch sei dem Schreiben als Technologie des Selbst unter Anlehung an Becker ein kurzer Exkurs gewidmet:

Exkurs: Schreiben als Technologie des Selbst

Die vorrangige Nutzung von Text bei der Konstruktion einer virtuellen Identität legt nahe, hier von der Ausprägung einer speziellen ‚Technologien des Selbst' zu sprechen. Insbesondere im westlichen Kulturkreis kommt spätestens seit der Romantik der Literatur dem Text bei der Imagination und beim Entwurf von Subjektivität eine entscheidende Rolle zu. Während in frühen Zeiten Sinnlichkeit und Mündlichkeit als traditionelle Ausdrucksformen individueller Erfahrung galten, entwarf sich mit Ausbreitung der Schrift- und Buchkultur das Subjekt zunehmend über Text und organisierte und konstruierte sein singuläres Universum und seine subjektive Innerlichkeit in schriftlicher Form (vgl. Becker 2000: 20). Nach Becker förderte die Entwicklung von der Mimesis – also der reinen Nachahmung – zur Expressivität, ihren Niederschlag insbesondere in der fiktionalen Literatur der Romane findend, die Entwicklung einer intrapsychischen, auf Innerlichkeit und auf eigenen Phantasien und Gefühlen basierenden Subjektivität, die sich als solche gegenüber anderen Subjekten abgrenzen konnte und wollte. Hinzu kam die Technik des Leiselesens, die der Konstituierung der Innerlichkeit ebenso förderlich war wie eine bestimmte, an Schulen und Hochschulen erlernte Form des Schreibens, etwa der romantische Brief, der deutsche Besinnungsaufsatz und das Tagebuch (vgl. Kittler 1988). Die Geburt des modernen Subjekts steht also nach Becker in Beziehung zu einer bestimmten Schreib- und Lesetechnik. Texte seien zu konstituierenden und konstitutiven Bestandteilen des subjektiven Lebens geworden und hätten dem Subjekt so eine situative – also dem Zustand und der Rahmenbedingungen angepasste – Ausdifferenzierung beziehungsweise Selbstdarstellung ermöglicht. Dabei dienten diese textbasierten Technologien des Selbst häufig einer selbstbezüglichen Umkreisung der eigenen Identität. Man richtete sich weniger auf ein Außen, sondern war vornehmlich an der

> Konstituierung eines Innenlebens interessiert, was sich ebenso sehr in den ausführlichen Beschreibungen der subjektiven Befindlichkeit in Tagebüchern und Briefen äußerte als auch in der Romantikliteratur, die zu einem wesentlichen Teil dezidierte Beschreibungen des Seelenlebens der Hauptakteure beinhaltete (Becker 2000: 21).

Becker betont jedoch, dass es nicht nur eine Art Selbstlegitimierung und Selbstvergewisserung gewesen sei, die in den Briefen und Tagebüchern praktiziert worden wäre.[34] Die fiktionale Selbstinszenierung im Schreiben und über die Rezeption von Literatur sei zudem vielmehr auch immer mehr zu einer Institution menschlicher Selbstauslegung geraten, weil im Fiktiven die mögliche Andersartigkeit symbolisch erschlossen werden könnte. Wolfgang Iser verweist darauf, dass die Selbstinszenierung im Fiktiven nicht nur die Befreiung von den Begrenztheiten der sozialen und körperlichen Bedingungen ermöglichte, in denen man lebte, sondern dass es stets auch ein Blick auf das Unverfügbare, Unbetret- und Unerreichbare sei, der hier riskiert worden sei (vgl. Iser 1993). Selbstinszenierung im und über Texte geriet zu einer Ausfächerung von Alternativen individueller Selbstentwürfe, eine fiktive Erkundung des Möglichen, des Andersseinkönnens – eine Entwicklung, die sich im Folgenden auch bei der Selbstinszenierung via Text im virtuellen Rollenspiel zeigen wird.

Das Schreiben von Texten stellt also ein exemplarisches Medium des Entwurfs und des experimentellen Durchspielens verschiedenster Inszenierungen von Subjektivität dar. Es scheint eine Selbstbeschreibung und -erprobung ohne Risiko zu ermöglichen, die Erfindung von Subjektivität durch Text. Dabei ist das Subjekt nach Becker „nicht ursprünglich Existierendes, das sich schreibend zum Ausdruck bringt, vielmehr konstituiert es sich im sprachlichen Geschehen immer wieder neu, nimmt im Text Gestalt an und verobjektiviert sich, ist als solches ständige Frage nach einer Antwort" (Becker 2000: 21). Somit wird das Schreiben zur Produktivität, die aus sich selbst die Erfindung und Ausdifferenzierung von Subjektivität hervorbringt (vgl. Kolesch 1996). Wenn aber nun das Subjekt erst Resultat des Schreibens und nicht sich primär ausdrückende Instanz ist, dann findet es sich folglich in seinen Inszenierungsbemühungen mit der Eigendynamik und dem Eigensinn der Texte konfrontiert. Denn die Texte bergen nach Kolesch ein Eigenleben[35] in sich, in deren Sog das Subjekt fortgerissen werde – es verliere sich im Netz der Sätze (vgl. ebd.). Die Worte würden also ihren eigenen Sinn in sich bergen, jenseits des sich ihnen zum Ausdruck bringen wollenden Subjekts. Diese Eigenständigkeit der Texte, mit denen das Subjekt

---

[34] Ein schönes Beispiel bieten hier die Essais von Montaigne 1998.
[35] Erinnert sei an die bedeutende These „The medium is the message" des Medientheoretikers Marshall McLuhan.

sich zu entwerfen versucht, führt nach Becker gerade zu dessen dauernder Dekomposition (Becker 2000: 22). Das Subjekt sei der Eigengesetzlichkeit dessen unterworfen, worin es sich zur Geltung bringen wolle. Die Illusion, zumindest im fiktionalen Selbstentwurf zur Einheit mit sich gelangen zu können, zerbreche an der Anonymität der Strukturen, innerhalb derer dieser stattfände. Das Subjekt inszeniere sich mit der Sprache und verliere sich genau in diesem Augenblick wieder. Insofern sei der Versuch, im Schreiben sich selbst zu erschaffen, in der Spannung von Selbstentwurf und Selbstverlust gefangen. Das Subjekt bewegt sich also um mit Merleau-Ponty zu sprechen im Chiasmus von Konstituierendem und Konstituiertem (vgl. Merleau-Ponty 1986). Das heißt nach Becker: „Die im Begriff des Selbst-Entwurfs scheinbar unterstellte Autonomie des Subjekts bricht sich an der Anonymität determinierender Strukturen, in die sich das Subjekt allemal akzentuierend einfädeln kann" (Becker 2000: 22). Das Medium, hier die Schrift, mittels dessen sich das Subjekt entwirft, prägt also durch die ihm eigene Struktur die Form der Selbstakzentuierung und formt so das historisch jeweils aktuelle Bild, das wir über uns selbst als Subjekte gewinnen. Einen Aspekt, den diese Arbeit noch mehrfach aufgreifen und überprüfen wird und womit der Exkurs zum Ende kommt.

So wie Giddens bilanziert, dass „[m]ediated experience, since the first experience of writing, has long influenced both self-identity and the basic organisation of social relations" (Giddens 1991: 4), erkennt auch Bahls Interviewpartner Christian in MUDs einen literarischen Bezug.[36] Er beschreibt MUDs als „riesengroße[n] Roman, der von ganz vielen Leuten zusammen geschrieben wird und sich von Kapitel zu Kapitel weiter entwickelt, nur daß keiner vorhersehen kann, wie das nächste Kapitel aussieht" (Bahl 1996: 94). Seine Beschreibung stimmt mit Turkles Auffassug von MUDs als einer neuen „Form von kollektiv geschriebener Literatur" (Turkle 1999: 13) überein. Erwähnenswert ist die mit diesem Aspekt einhergehende Problematik von Autorschaft. So ist durch die hypertextuelle Vernetzung eine eindeutige Identifizierung des Autors kaum möglich. Der von mehreren Autoren produzierte Text lässt Becker zu der These kommen, dass „Selbstinszenierungen in on-line-Umgebungen nicht mehr Produkte eines einzelnen" (Becker 2000: 20) seien, sondern Resultat von textbasierten Interaktionen, innerhalb der sich die Identitäten der Beteiligten herausbilden würden. Sofern die Entfaltung und Gestaltung der virtuellen Figur „nicht nur eigenen Interpretationen, sondern immer auch den Deutungen der anderen" (Schredder 2000: 240) unterliegt, muss

---

[36] Einen wesentlichen Unterschied zwischen MUDs und Literatur sieht Bahl jedoch darin, dass die Identifikation mit dem Spielcharakter weit über das Erlebnis und Mitfühlen mit dem Protagonisten eines Romans hinaus ginge; auch wenn sich streng genommen nur das programmierte Objekt, also die Spielfigur, und nicht die realweltliche Person in dieser virtuellen Welt befände.

konsequenterweise das befreiende Potential von MUDs kritisch und eingeschränkt betrachtet werden. Schließlich ist der MUD-Spieler zwar alleiniger ‚Schöpfer' seines virtuellen Charakters, kann diesen jedoch kaum ohne die Interaktion mit den Mitspielern aufrechterhalten. Die Idee eines im Cyberspace deutlich werdenden „semipermeablen Selbst" (Becker 2000: 48), einer von Außen beziehungsweise von anderen beeinflussbaren Identität, scheint die Stelle alter Identitätsvorstellungen einzunehmen. Sie impliziert laut Becker eine „Überschneidung von natürlichem und künstlichem beziehungsweise technischen und organischen Prozessen" (ebd.).

Das Ziel von MUDs besteht nun darin, eine bestimmte Anzahl von Abenteuern zu bestehen beziehungsweise komplexe Rätsel zu lösen und mit der hierdurch gesammelten Punktezahl in der Hierarchie bis zum Wizard aufzusteigen und so zur ‚Unsterblichkeit' zu gelangen. Als Wizard erhält der Spieler Zugriffsrechte auf die Programmierseite des Spiels und kann neue Abenteuer entwickeln. Dennoch ist das Aufsteigen in der Hierarchie nur ein Motivationsgrund für das Agieren in der Cyberwelt. Ein großer Teil der Spieler nennt zudem als Reiz an dem ‚Leben im Netz' lediglich das Interesse, mit einem oder mehreren Mitspielern gleichzeitig kommunizieren zu können.

MUSH steht für ‚*Multi-User Shared Hallucination*', wohinter sich ein MUD-System verbirgt, für das die gerade angesprochene Interaktion der Spieler untereinander zentral ist. Wesentlich ist, dass sich MUDs theoretisch auch alleine spielen lassen, da die zu bestehenden Abenteuer schon fest im Programm verankert sind, während sich die „Handlung im MUSH erst aus der Situation heraus" (Bahl 2002: 64) ergibt. So steht der urspüngliche Rollenspielgedanke insbesondere bei den StoryTeller MUSHs stark im Vordergrund. Ebenso dienen auch Tiny-MUDs vor allem dem „Plaudern und ‚socializing'" (Adamowsky 2000: 192). Nach Porter loggen sich MUD-Spieler aus dem gleichen Grund in die virtuelle Welt ein, weshalb sie auch

> might hang out at a bar or on a street corner or at the coffee machine at work: they've either got something to say or else an ear to lend to those who do. There is an expection here of exchange, of sociability, even of empathy in conversation that may involve personal concerns, playful banter or philosophical debate (Porter 1997: XIII).

Wesentlicher Unterschied zwischen MUSH und MUD ist zudem, dass die Handlung im MUSH in der Regel kein Ende findet, während das eigentliche Spielen im MUD mit dem Erreichen des Wizard-Status beendet ist (vgl. Bahl 2002: 65). Der Reiz an MUSHs scheint also im Erdichten und Ausagieren von Geschichten zu bestehen. Eine Interviewpartnerin Bahls stellt einen klaren Bezug zum Fernsehen her:

A very good analogy would be to compare a MUSH to a daytime TV serial: the same characters interact with one another in various configurations over a long period of time, with different characters coming on or dropping out, but ultimately the story is unending (ebd.).

In den letzten Jahren stoßen im Speziellen so genannte MMORPGs (Massive(ly) Multiplayer Online Role-Playing Game)[37] auf enormes Intersse bei den Online-Spielern. Diese modernste Form von Spieloberflächen emöglicht, wie der Name schon sagt, dass eine größere Anzahl von Spielern parallel am Geschehen in der virtuellen Welt teilnehmen kann. Zwar ist die technische Seite zu den Vorläufermodellen MUDs und MUSHs teilweise different, die kultur- und medienwissenschaftlichen Fragestellungen, die ich in dieser Arbeit diskutiere, werden jedoch durch diese technische Entwicklung nicht tangiert. Auf Grund dessen wird im Weiteren Verlauf nicht weiter zwischen den verschiedenen Unterformen virtueller Rollenspiele differenziert.

3.2 ‚Leben im Netz'

Grundvoraussetzung für den Aufbau einer „selbstgewählten Identität" (Zurawski 1999: 168) ist die Erschaffung jener virtueller Figuren, die im Folgenden als virtuelle Charaktere beziehungsweise für MUDs mit visuellen Kanälen synonym als Avatare oder Personae bezeichnet werden. Zu diesen meint Taylor:

---

[37]MMORPGs entstanden Anfang der 1990er Jahre aus den Multi User Dungeons (MUDs). Als eines der ersten grafischen MMORPGs kann Neverwinter Nights bezeichnet werden, welches 1991 erschien. Es bot dem Spieler die Vorteile eines Spiels für den einzelnen (akzeptable Grafik, einfache und intuitive Bedienung) zusammen mit der bisher nur von MUDs bekannten Interaktion mit anderen Spielern. Die damaligen Grenzen für gleichzeitig anwesende Spieler in einer Spielwelt waren viel enger als heute. So startete man mit circa 50 Spielern gleichzeitig, was sich im Laufe der Zeit zu den später üblichen 300 Spielern und auf einzelnen Servern bis zu 500 Spieler gleichzeitig steigerte. World of Warcraft ist ein Anfang 2005 erschienenes, sehr erfolgreiches MMORPG von Blizzard Entertainment. Binnen nur eines Monats konnte dieses Spiel mit über 200.000 verkauften Exemplaren allein in Deutschland sämtliche Bestseller-Awards für sich verbuchen. Im Juli 05 verzeichnete WoW (World of Warcraft) weltweit seinen 3.500.000. Spieler und wurde damit zum erfolgreichsten MMORPG aller Zeiten gekürt. Im Dezember 2005 hat dieses Spiel die fünf Millionen Marke überschritten. Im Gegensatz zu Single-User-Computerspielen werden bei MMORPGs in der Regel neben dem einfachen Kaufpreis zusätzliche monatliche Gebühren fällig. Die großen kommerziellen Anbieter verlangen dabei monatlich zwischen 12 und 22 Euro. Weitere Informationen bietet zudem die Homepage http://www.mmorpg-planet.de, die neben Neuigkeiten und Release-Listen auch Diskussionsforen, Umfrageergebnisse, eine Bildergalerie sowie einen Online-Shop anbietet.

They become access points in constructing affiliations, socializing, communicating, and working through various selves. They are the material out of which people embody and make themselves real. What they are and what they can be matters (Taylor 2002: 60).

In einem dialogischen Verfahren sollen nun sowohl die Spezifika von Online-Identität erarbeitet werden als auch erste sich aus der Online-Kommunikation ergebene Beispiele für verschiedene Ausprägungen von Identitätswechseln – ‚*identity switches*' – im Cyberspace, wie etwa in Form des netzspezifischen *gender-swapping*, gegeben werden.

3.2.1 Was ist wirklich? Spiel oder Wirklichkeit

Verschiedenste Disziplinen widmen sich derzeit einer angeblich im Entstehen begriffenen Kultur der Simulation. Im Allgemeinen scheinen die Grenzen zwischen Realem und Virtuellem, Belebtem und Unbelebtem, einem einheitlichen und multiplen Selbst sowohl auf modernen Forschungsfeldern als auch in Mustern des Alltagslebens zunehmend zu verwischen (vgl. Turkle 1999: 10). Zu den verbreiteten Vorstellungen gegenwärtiger Kulturkritik zählt, dass „wir eines Tages zwischen realer und simulierter Welt nicht mehr werden unterscheiden können" (Adamowsky 2000: 168). Wesentlich bestimmt haben diese Fiktion offensichtlich Computer und Internet, indem sie maßgeblich dazu beigetragen haben, „den Sinn von ‚Wirklichkeit' zu modifizieren" (Funken 2000: 112).

Seit Menschengedenken bildet das Spiel[38] einen wichtigen Aspekt unserer individuellen Bemühungen um die Schaffung von Identität. Gerade in der Vergangenheit, zu einer Zeit fester Gesellschaftsstrukturen und damit einhergehender Zwänge, war das Spiel eine beliebte Freizeitbeschäftigung zum Ausgleich des Selbst. Auch jüngst wurde von Soziologen der Vorschlag unterbreitet, die wohlhabenden westlichen Gesellschaften als eine ludische Kultur zu charakterisieren (vgl. Rötzer 1995: 174). So sei das Spiel, welches Rötzer als „Suche nach Erlebnissen" begreift, primär geworden und das gewöhnliche Leben stelle vielmehr die Ausnahme dar (vgl. ebd.).

In deutlichster Form bieten MUDs nun die Möglichkeit zu einem solchen Spiel – zu einem Erlebnis der Konstruktion und Rekonstruktion der eigenen Identität (vgl. Turkle 1999: 297). Virtuelle Rollenspiele bilden sozusagen den Kontext, das Selbst zu erfahren und individuelle Wünsche, Ängste und Ziele zu entdecken. Demnach lässt sich die Cyberwelt als Ort charakterisieren, der den

---

[38] Zu den Paradoxien des Spiels äußerst sich in anregender Weise auch Gregory Bateson in dem Aufsatz „Eine Theorie des Spiels und der Phantasie" in seinem Werk *Ökologie des Geistes*.

Zugang zu den vielen in einem ‚schlummernden' Identitäten ermöglicht; das virtuelle Spiel als ein Laboratorium für die Identitätskonstruktion (vgl. ebd.)

Auffällig ist die Bezeichnung jener virtuellen Figuren in audiovisuellen MUDs als Personae. Die Übersetzung des Lateinischen ‚per sonae' bedeutet „das, wodurch der Schall dringt" (ebd.: 293) und verweist laut Turkle auf die Maske eines Schauspielers. Bemerkenswert ist die gemeinsame Sprachwurzel mit den Worten Person und Persönlichkeit. Implizit würde dies bedeuten, dass ‚Person' ebenso einen eine Maske tragenden Menschen meint, der Mensch sich also verstellt beziehungsweise die Möglichkeit der Verstellung gegeben ist. Jene Idee des sich stets verstellenden und schauspielernden Individuums im *,real life'* wurde bereits erläutert. Die meisten MUD-Spieler vertreten ebenso wie der sich als Schauspieler begreifende Mensch der Moderne die Ansicht, dass man mittels einer Maske beziehungsweise virtuellen Personae zu tieferen Wahrheiten über die Wirklichkeit seines Selbst gelangen könne.

Im Folgenden wird sich die Frage nach der Rechtfertigung stellen, MUDs als Spiele charakterisieren zu können. Schließlich scheinen viele Teilnehmer gerade in der virtuellen Welt, ihr eigentliches Selbst zu erfahren und auszuleben. Generell hört man Rollenspiel-Teilnehmer sagen, dass MUDs nicht bloßes Spiel, sondern vielmehr halb fiktiv und halb real seien. Tatsächlich scheinen die Grenzen zwischen Fiktion und Realität zu verwischen. So verbringt z.B. Turkles Interviewpartner Stewart an die 40 Stunden pro Woche im Netz. Seine Aufgabe sieht er darin, „sein Leben zu konstruieren" (ebd.: 311). Folglich siedelt Stewart sein Selbst irgendwo zwischen dem Stewart des *,real life'* und dem Achilles der MUD-Welt an. MUDs seien für ihn nicht etwa *nur* Rollenspiele, sondern „eine Möglichkeit, eine bessere Version seiner selbst zu verwirklichen" (ebd.: 312).

„Meine Überzeugung ist es, dass MUDs mehr als ein Spiel sind, für mich sind sie virtuelle Realität" (Harrison 1996: 303) – „Das ist wirklicher als mein reales Leben" (Turkle 1999: 11). Diese Zitate scheinen exemplarisch für die Ansicht vieler MUD-Spieler zu stehen. Wie die Teilnehmer selbst aber auch Wissenschaftler diese Bedeutung oder gar Dominanz der virtuellen Rollenspiele gegenüber dem *,real life'* beurteilen, wird zu zeigen sein. Zunächst soll jedoch der Versuch einer Erklärung unternommen werden, wie beziehungsweise warum es überhaupt zu solchen Äußerungen kommen kann.

3.2.1.1 Zeit und Parallelität

Tatsächlich verbringen die in ein oder mehrere MUDs eingeloggten Teilnehmer meist unzählige Stunden vor ihren Bildschirmen. Die Devise scheint zu heißen: „Du kannst nicht wirklich dazu gehören, wenn du nicht jeden Tag dabei bist" (ebd.: 296). Sechs Stunden pro Tag spielen die Teilnehmer durchschnittlich virtuelle Rollenspiele, während die Zahl auf zwölf Stunden pro Tag ansteigt sofern der Spieler beruflich mit Computern arbeitet (ebd.: 296). Als dienlich erweisen sich hierbei so genannte *windows*: Der Spieler kann zwischen verschiedenen Fenstern hin- und herspringen; im Wechsel also sowohl seiner eigentlichen beruflichen Tätigkeit am Computer nachgehen oder aber in den diversen geöffneten *windows* dem Treiben seiner Charaktere folgen. Für die vielen mehrere MUDs parallel spielenden Teilnehmer ist die Existenz jener ‚Fenster' geradezu unabdingbar. Charakteristisch ist Bahls Beschreibung von den in Hektik verfallenden MUD-Spielerinnen Reina und Tracy, die drei Rollenspiele gleichzeitig spielen und bei dem ständigen Springen zwischen den Fenstern mit dem Tippen gar nicht mehr nachzukommen scheinen. Als Tracy von einem Kommilitonen im ‚*real life'* nach leeren Disketten gefragt worden sei, sei sie überfordert gewesen. Ohne sich vom Bildschirm abzuwenden, antwortete sie bloß: „You're not on my window" (Bahl 2002: 7). Relevanz hat lediglich das Geschehen auf ihrem Bildschirm – das Leben in der virtuellen Welt.

Laut Turkle stellen jene Fenster generell eine „erfolgreiche Metapher für das Wahrnehmen des Selbst als eines multiplen, verteilten Systems" (Turkle 1999b: 94) dar. Im MUD existiere das Selbst in diversen Welten beziehungsweise Fenstern, spiele mehrere Rollen gleichzeitig und müsse daher als dezentriert bezeichnet werden. Wesentlich für die Existenz und Steuerung mehrerer Online-Figuren ist der Aspekt der Gleichzeitigkeit beziehungsweise des potentiell parallel möglichen Zugriffs auf verschiedene virtuelle Charaktere. Diese Möglichkeit ist es, die den MUD-Spieler von der im Alltag alternierend verschiedene Rollen spielenden Mutter, Hausfrau und Geliebten unterscheidet.

Die extrem ausgedehnte in der Cyberwelt verbrachte Zeitspanne kann also als erster Erklärungsansatz dienen, weshalb viele Spieler MUDs als ihr „eigentliches Zuhause" (ebd. 1999: 309) bezeichnen. „Es war mein Leben ... Ich habe sozusagen im MUD gelebt" (ebd.: 325) sagt auch Robert. Die Spieler scheinen von der virtuellen Umgebung geradezu absorbiert zu werden.

3.2.1.2 ‚*Real life'* und virtuelle Realität

MUDs ermöglichen offensichtlich, ein zur Realität paralleles Leben aufzubauen. Während manche Spieler großen Wert auf eine Trennung zwischen ‚*real life'* und Cyberwelt legen, stößt man jedoch oftmals nicht nur auf psychische, sondern auch auf physische fließende Übergänge zwischen den beiden Welten. Einige MUD-Spieler suchen nach einiger Zeit die Verbindung zur Welt außerhalb des Cyberspace. Bei so genannten MUD-Parties kommt es zum tatsächlichen Kennenlernen von Angesicht zu Angesicht.

Während Bahl beobachtet, dass oftmals eine Übertragung von der MUD-Welt auf das ‚*real life'* erwünscht sei (etwa das Ansprechen mit dem virtuellen Namen auch in der realen Welt), dies umgekehrt jedoch nicht gelte (vgl. Bahl 2002: 91), hält Becker eine klare Trennung von ‚*real life'* und virtueller Realität für problematisch. Sofern Identität als „Resultat der Anwendung epochal jeweils verfügbarer ‚Technologien des Selbst'" (Becker 2000: 19) begriffen werde, würde das Selbst immer durch das verwendete Medium geprägt. Diese mediale Prägung beziehe sich auch auf eine psychische Beeinflussung beziehungsweise sich durch die Cybernutzung ergebende Konsequenzen für das ‚real life'. So ziehen MUD-Teilnehmer zum Teil positiven Nutzen aus ihrer virtuellen Existenz, indem sie MUDs etwa Amy Bruckman folgend als ‚*identity workshops*' oder aber als ‚Probebühnen' zum Spiel mit der eigenen Identität nutzen. Auch Diemers glaubt, dass sich virtuelle Welten als alternative soziale Realitäten anbieten könnten. Im Cyberspace könne man vieles neu oder anders machen als in der nicht virtuellen Lebenswelt, wodurch das Leben in dieser wiederum positiv beeinflusst werden könne (vgl. Diemers 2002: 75). Eine strikte Trennung zwischen ‚*real life*' und Cyberwelt scheint sich also auch dieser These folgend nicht aufrecht zu halten.

Der geschilderte Zeitfaktor und die Relevanz der virtuellen Umgebung für die Psyche der Teilnehmer lassen Turkle zu der Ansicht kommen, dass das Leben im MUD weniger eine Alternative zum ‚real life' darstellen würde, sondern eher als „paralleles Leben" (Turkle 1996: 320) anerkannt werden müsse. Schließlich würde das virtuelle Selbst gleichzeitig beziehungsweise parallel zum Subjekt im ‚*real life*' existieren. Die vielen im MUD verbrachten Stunden führen zudem dazu, dass das virtuelle Rollenspiel für einige Menschen „so real geworden ist wie das, was man herkömmlicher Weise als wirkliches Leben bezeichnet, obgleich sich für sie selbst dieser Unterschied längst aufgelöst hat" (Turkle 1999: 18). Auch eine Interviewpartnerin Taylors beschreibt ihre Erfahrungen im Virtuellen wie folgt: "[T]he more time I spend inworld... the harder it is for me to differentiate between my inworld self and my offline self" (Taylor 2002: 57). Die enorme Relevanz der virtuellen Spielumgebung auf die Psyche der Spieler wird hier evident. Der konstruierte Schein der virtuellen Welten wird offensichtlich nicht mehr wahrgenommen. Die ‚Wirklichkeit' des Virtuellen scheint vielmehr, zumindest temporär, alle anderen Wahrnehmungen zu überlagern „und die Wirklichkeit des ‚diesseitigen' Seins" (Wetzstein et al. 1995: 62) zu verdrängen. Turkles und Taylors These vom Cyberspace als einer zum ‚*real life*' parallelen Welt unterstützt auch Zurawski, der das Internet als Teil gegenwärtiger Gesellschaften und nicht als ihren Ersatz betrachtet (vgl. Zurawski 1999: 653).

Auch Hubert Knoblauch erläutert, dass gerade in heutiger Zeit „der Ausschnitt der Welt, den der moderne Mensch bewohnt, aus vielen kleinen Lebenswelten" (Knoblauch 1996: 12) bestehen würde. Der Mensch des 21. Jahrhunderts ist offensichtlich in verschiedenen Sphären, im ‚*real life*' und in der virtuellen Realität, beheimatet. Demnach sollte die virtuelle Realität mutmaßlich eher als ‚Erweiterung' der Realität angesehen werden, als VR und ‚*real life*', einander ausschließend, in einem Konkurrenzverhältnis zu sehen.

3.2.1.3 Konventionen und Spielregeln im MUD

Trotz des von vielen Usern angesprochenen Gefühls von Freiheit und Kontrolle im virtuellen Rollenspiel, dürfen gewisse in allen MUDs geltende Konventionen und Spielregeln nicht unbeachtet bleiben. Es wäre also verfehlt, MUDs als regellose Welten zu charakterisieren. Vielmehr scheint die Online-Welt über ihre eigenen Spielregeln zu verfügen, die, Turkle und More widersprechend, nur begrenzt selbst geschaffen beziehungsweise umgestaltet werden können.

Immer schon diente das Medium Schrift, wie bereits ausgeführt, dem Subjekt zum Entwurf seines Selbst und prägte durch die ihm eigene Struktur die Form der Selbstinszenierung. Seit jeher hat sich das Subjekt schreibend zum Ausdruck gebracht und konstituiert sich laut Becker „im sprachlichen Geschehen immer wieder neu" (Becker 1997: 177). Der textbasierte Cyberspace stellt diesem Verständnis folgend einen exponierten Schauplatz dar. Die Prägung durch die elektronische Schrift ist besonders prägnant, indem sie die Vision eines uneingeschränkt freien Selbstentwurfs im Virtuellen als fragwürdig erscheinen lässt. Als besonders problematisch erachtet Becker die Möglichkeit Rolle, Funktion und Bedeutung des Körpers in der elektronischen Kommunikation adäquat ausdrücken zu können. Seine Gebärden, seine Gestik und Mimik würden in der virtuellen Welt in einer extrem standardisierten Sprache repräsentiert, die vollkommen different sei vom Zeichencharakter des realen Körpers (vgl. ebd. 2000: 24). So helfen etwa *Emoticons, Keywords, Slogans, Icons*, Comiclaute und andere Zeichen zur Kompensation von körperlichen Gesten oder dem authentischen Mienenspiel. „Das Pulsieren des Körpers" (Bronfen 1998: 21) soll geradezu in die Sprache übertragen werden. Der abwesende Körper könne so nach Vorstellung der User durch sprachliche Verdichtungen gegenwärtig werden (vgl. Funken 2000: 112). Diese Ansichten scheinen ein erstes Anzeichen dafür darzustellen, dass die in vielen Theorien über virtuelle Computerwelten beschworene ‚Körperlosigkeit' möglicherweise widerlegt werden kann. Obwohl gerade die Körperlosigkeit elektronischer Medien oftmals als deren fundamentalste Errungenschaft dargestellt wird, werden vielmehr die „rein textbasierten Inszenierungen stets und scheinbar unabdingbar durch Körpermetaphern oder Emoticons ausgeflaggt" (ebd.: 112). Der Körper scheint also im Virtuellen weniger obsolet zu werden, als vielmehr durch einen virtuellen ersetzt zu werden. Der physisch abwesende Körper bleibt zwar in der Online-Kommunikation im Verborgenen, tritt jedoch durch Schrift in Form von ‚Spuren' in Erscheinung.

Die orthographischen Zeichen der virtuellen Welten müssen regelrecht wie das Vokabular einer Fremdsprache auswendig gelernt werden. Schließlich kann Kommunikation nur auf der Basis vereinbarter Symbole funktionieren und erst die „Bezugnahme auf gemeinsame Regeln macht Prognosen für zukünftiges Handeln [...] möglich" (Becker/Funken 1999: 669). Soziale Regeln scheinen offensichtlich sowohl im ‚*real life'*, als auch in virtuellen Umgebungen „the underlying preconditions of communication" (Becker/Mark 1999: 62) zu sein.

In der virtuellen Kommunikation steht beispielsweise :-) für ein lächelndes und :-(für ein unglückliches Gesicht.[39] Die Spezifik und Aussagekraft dieser Zeichen ist zweifellos sehr eingeschränkt. Auch Diemers meint, dass die CMC (*computer mediated communication*) nur in beschränktem Rahmen einen Ersatz für die *face-to-face*-Kommunikation darstellen könne und lediglich „ein unzulänglicher Ersatz" (Diemers 2002: 67) sei. Jenen Mangel an einer individuellen und detaillierten Aussagemöglichkeit durch elektronische Schrift lässt Becker von einer Verdammung des realen Körpers „zur Ausdrucks- und Bedeutungslosigkeit" (Becker 2000: 24) im Cyberspace sprechen.

Signifikant hat Merleau-Ponty erläutert, inwiefern „über Rhythmik der Texte und eine mit Worten geschaffene Atmosphäre, über Pausen, Stil, Dichte und persönliche Handschrift der Körper als Abwesender in die Schrift wieder" (aus: Becker 2000: 26) einträte. Genau an dieser persönlichen Akzentuierung mangelt es jedoch laut Becker an den Ausdrucksformen der elektronischen Kommunikationsmedien, „weil der Körper eben lediglich in formalisierten, stereotypisierten Zeichen als imaginiertes Wunschkonstrukt in Erscheinung" (ebd.) träte.

Es erscheint nun fraglich, inwiefern trotz des Zwangs, sich in der virtuellen Realität an standardisierte Zeichen halten zu müssen, von grenzenloser Freiheit beziehungsweise Befreiung in der Cyberwelt gesprochen werden kann. Vielmehr scheint gerade diese Auferlegung von gewissen Zwängen und Pflichten eine Parallele zwischen ‚*real life'* und virtueller Realität darzustellen und somit eine klare Trennung zwischen diesen beiden Sphären zu unterminieren. So wird die Inszenierung virtueller Identität erst durch sprachlich-geographische Zeichen zu einem kontrollierbaren Teil des ersehnten fiktionalen Selbstentwurfs. Vielleicht stellt sogar die Pflicht, sich an gewisse Konventionen halten zu müssen, für die MUD-Spieler gar keinen Mangelfaktor der Cyberwelt dar, sondern ein dem Menschen eigenes Bedürfnis. Schließlich wird der eigene Körper durch das Erlernen und die Anwendung des Online-Vokabulars zu einem beherrschbaren Produkt der subjektiven Entwurfstätigkeit.

Becker und Mark bilanzieren als fundamentalste Erkenntnis ihrer Forschungen, dass tatsächlich in allen untersuchten MUDs Restriktionen bestehen. Dieses Ergebnis bestätigt ihre These, „that virtual communities have to establish a kind of common background to which people can refer beyond all individualistic or milieu-specific differences" (Becker/Mark 1999: 70). Sie meinen, dass der Mensch zu seiner Konstituierung generell Reglementierungsstrukturen bräuchte. Auch Elisabeth Reid-Steere vertritt einen ähnlichen Standpunkt, indem sie sagt: „The system of meaning and context that are created on muds are the results of a

---

[39] Weitere Emoticons sind: :-* ein Kuss, :-x auch ein Kuss, :-| hierzu habe ich keine Meinung, :-/ ich bin skeptisch, :-D Benutzer lacht, :'-(Benutzer weint, :-t Benutzer ist beleidigt, :-@ Benutzer kreischt, :-Q Raucher, O:-) Benutzer ist ein Engel.

need amongst players for a set of cultural understandings in which to define both themselfs [...] and their actions" (aus: Funken 2000: 108). Der Einsatz ästhetisch-formaler Stilelemente scheint geradezu den „Mittelpunkt computerisierter Glaubwürdigkeit" (Funken 2000: 109) zu bilden. Der Glaube an eine Gestaltungsfreiheit bei der fiktionalen Selbstinszenierung in virtuellen Umgebungen hat sich bereits in mehrfacher Hinsicht als Illusion entpuppt.

Bemerkenswert ist jedoch, dass Becker und Mark jene Konventionen im Internet als „weaker and more unstable than traditional forms of communities" (Becker/Mark 1999: 62) bezeichnen. Die gängigen Konventionen müssten in der virtuellen Umgebung immer wieder neu durch Kommunikation erstellt und dann aufrecht erhalten werden, was zu einer „high fluidity and fragility" (ebd.) jener Regeln führen würde. Dies zeige sich daran, dass für jede Online-Umgebung unterschiedliche Konventionen gelten würden. Es heißt: "[I]n a virtual environment greeting rituals can be carried out in a number of ways or may not exist at all" (ebd.: 64). Gleiches gelte auch für die Signalisierung von Privatheit, welche in MUDs mit visuellen Kanälen durch die Ausrichtung der Körperstellung dargestellt würde und ebenso von MUD zu MUD differiere (vgl. ebd.: 65).

Doch weshalb existieren unterschiedliche Konventionen in den verschiedenen virtuellen Umgebungen? Becker und Mark führen als mögliche Erklärung an, dass die MUD-Teilnehmer unterschiedliche Ansprüche bezüglich sozialer Bindung an die jeweilige virtuelle Umgebung hegen würden. Soziale Konventionen würden ein größeres Potential von sozialer Bindung evozieren, sofern die jeweilige Technologie von sozialer Präsenz der Teilnehmer, also der Zuhilfenahme von Webcams oder Mikrofonen, unterstützt würde. Je unbewusster dem Spieler die Existenz des Mediums durch kompensierende Hilfsmittel wäre, umso stärker sei sein Gefühl von Präsenz: „A high degree of presence suggests the illusion that one is directly interacting with another, and the medium becomes less apparent" (ebd.: 67). So ermögliche etwa das MUD ‚Online Traveller' auf Grund eines visuellen und auch auditiven Kanals ein stärkeres Gefühl von Anwesenheit als etwa rein textbasierte virtuelle Umgebungen. Das Gefühl von sozialer Präsenz führe dann wiederum dazu, dass die in der virtuellen Welt erprobten Verhaltensmuster auf das ‚real life' übertragen werden könnten.

Schroeder macht hingegen darauf aufmerksam, dass das Gefühl von Präsenz für die Spieler nicht von dem „realism of the VE [SR: virtual environment]" (Schroeder 2002: 4) abhängen würde. Er meint weiter, dass „VEs will never provide completely ‚realistic' ways of interacting or communicating with others" (ebd.: 6). Seinen Forschungsergebnissen entsprechend scheint dies jedoch von den Usern nicht unbedingt als negativ empfunden zu werden. Viele User würden sich Avatare wünschen, „that are neither too abstract nor too realistic" (ebd.: 7). Sie würden hoffen, dass die Differenz zwischen virtueller Welt und dem ‚real life' bewahrt bleibe. Schließlich lasse sich aus den technischen Gegebenheiten und der daraus resultierenden Anonymität Nutzen ziehen.

Es lässt sich zusammenfassen, dass im Cyberspace zweifellos die „Grenzen zwischen Selbst und Spiel, Selbst und Rolle, Selbst und Simulation" (Turkle 1999: 310) verwischen. Für viele MUD-Spieler scheint die virtuelle Existenz weit bedeutender als lediglich ein Spiel zu sein. Auch Geoff meint:

> People spend_hours_in front of terminals working on their characters, their objects, or making wiz_, or whatever. When people spend_that_much of their lives devoted to building something, it is no longer 'a game' (aus: Bruckman 1992: 33).

Für MUD-Spieler scheint eine exzessive Cybernutzung jedoch erst dann negative Auswirkungen zu haben, wenn das Leben im Virtuellen „as a substitute for RL" (ebd.: 37) und nicht Turkle folgend als eine gleichberechtigte Existenz angesehen wird.

Vielleicht sollte sich Adamowskys These angeschlossen werden, die Wirklichkeit als eine dünne Haut begreift, „unter der sich bis ins Unendliche andere Wirklichkeitsebenen spannen" (Adamowsky 2000: 169); oder aber Mark Posters Theorie, der das 20. und 21. Jahrhundert als Zeit multipler Realitäten (vgl. Poster 1996: 30) charakterisiert. Adamowsky erläutert zudem, dass Lebensbereiche mit dem Aufkommen von virtueller Realität zwar umplatziert würden, es jedoch nicht zu einem Ersatz dieser traditionellen Umfelder käme (vgl. Adamowsky 2000: 172). Mit Turkles und Adamowskys These korrespondiert auch folgende sinnbildliche Frage eines MUD-Spielers: „Weiß jemand, wie man in #real.life. einloggt?" (Turkle 1999: 300). Für jene Person scheint das wirkliche Leben lediglich ein ‚channel' unter vielen darzustellen.

Abschließend sollten folgende Fragen als elementar, jedoch bisher unentschieden, betrachtet und bei der weiteren Beschäftigung mit dem Cyberspace im Auge behalten werden:

> Wo beginnt dieser? Wo beginnen seine Spiele und hört das ‚reale Leben' auf? Tut es das überhaupt? Ist das ‚reale Selbst' immer das wahre und natürliche? Ist es das, was wir in der physischen Welt zu Schau tragen? Alles alte Fragen (Adamowsky 2000: 182).

3.2.2 Das konstruierte Selbst im Cyberspace

In groben Zügen wurde bereits der Aufbau virtueller Charaktere dargestellt. Welche Möglichkeiten aber auch zu kompensierende Nachteile sich aus der zum einen meist rein textbasierten und zum anderen anonymen Welt des Cyberspace ergeben, soll im Folgenden erläutert werden. Das Virtuelle als „Land der erfundenen Identität" (ebd.: 198) und des konstruierten Selbst ist Schwerpunkt dieses Kapitels. Bei Turkle heißt es zu MUDs: „Du bist, was du zu sein vorgibst ... du bist, was du spielst" (Turkle 1999: 310). Auf der Hand liegen hier Verweise auf

Pygmalion, der sich ebenso wie der Gott Proteus immer wieder neu erschafft, auf Gaarders nach ihrer Identität fragenden Sophie oder aber auf die durch einen Spiegel das Wunderland betretende Alice. Alle beschäftigen sich mit der Frage nach dem wirklichen Selbst.

3.2.2.1 Anonymität

Becker betrachtet Anonymität als das wesentliche „Spezifikum der virtuellen Umgebung" (Becker 1997: 168). Auch einer der bekanntesten Cartoons des *NEW YORKER* nimmt Anonymität in der Cyberwelt zum Thema. Die Karikatur zeigt einen vor einem Computer sitzenden Hund und titelt mit dem Satz „On the Internet no one knows you are a dog" (*The New Yorker*, 5. Juli 1993; siehe Anhang).

Während Anonymität in physischer Umgebung meint, dass sich Menschen zwar körperlich begegnen, darüber hinaus aber wenig oder nichts voneinander wissen, trifft diese herkömmliche Definition für Begegnungen im virtuellen Raum nicht zu. Die Spieler im MUD sind nur virtuell anwesend, sie können sich weder sehen noch hören. Während sich dies für manche User als Hauptschwierigkeit oder Negativum computergestützter Kommunikation erweist, gilt dennoch zu beachten, dass Anonymität erst die Konstruktion eines nicht der Realität entsprechenden virtuellen Charakters ermöglicht. Obwohl die Mehrzahl der Spieler das dem Internet eigene Spezifikum von Anonymität schätzt, vermissen andere wiederum, beispielsweise bei intimeren Gesprächen, die Körpersprache als Garant für Glaub- und Vertrauenswürdigkeit ihres Gegenübers.

In diesem Zusammenhang meint Becker, dass die virtuelle Kommunikation einem „unverbindlichen Spiel" (Becker 1997: 168) gleiche, bei dem das jeweilige Gegenüber fiktiv bleibe und mehr Produkt der eigenen Imagination als reales, leibliches Gegenüber sei. Bemerkenswert ist allerdings, dass sich viele Spieler an der Stelle des Gegenübers eine Art Platzhalterperson vorstellen. Diese physische Vorstellung des virtuellen Kommunikationspartners scheint erneut darauf hinzuweisen, dass der Körper und seine Materialität beziehungsweise die körperliche Erscheinung im Cyberspace nicht irrelevant sind. Wenn dies so wäre, wäre schließlich auch jede körperliche Vorstellung des Gegenübers belanglos.

Becker meint, dass sich die virtuelle Welt neben Anonymität generell durch Leerstellen, also „vage, unvollständige und lediglich angedeutete Informationen" (ebd.) auszeichnen würde. Diese sollten jedoch meines Erachtens nicht zwangsläufig als zu kompensierende Mangelfaktoren angesehen werden. Gerade Leerstellen ermöglichen schließlich Räume für „Imagination und Phantasie" (ebd.: 169) und machen so den Reiz am virtuellen Rollenspiel aus. So ist das Spiel mit derartigen Leerstellen, Anspielungen und Andeutungen seit jeher wichtiges Charakteristikum, Spannungselement und Reiz von Kunst und Literatur überhaupt.

Welche Möglichkeiten ergeben sich jedoch nun aus der Anonymität? Für die 21-jährige US-Amerikanerin Amy erweist sich ihre Anonymität im MUD als großer Vorteil. Sie meint, dass die körperliche Attraktivität beziehungsweise Nichtattraktivität den Gesprächspartner bei einem Gespräch von Angesicht zu Angesicht gegebenenfalls negativ beeinflussen könne. Demnach erscheint für Amy das Ausblenden ihres sie hemmenden Körpers als positiv; es habe befreiende Wirkung. Diese Aussage stimmt mit den von Wetzstein et al. angeführten Motiven überein, sich in die virtuelle Welt der MUDs zu flüchten, um den Ballast des eigenen Körpers abwerfen zu können oder gar aus dem Körpergefängnis ausbrechen zu können (vgl. Wetzstein et al. 1995: 86). Auch Becker stellt folgende These als Leitmotiv der virtuellen Identität heraus: „[D]ie Abkehr von der Widerständigkeit der eigenen Materialität durch ihre Ausblendung und Überwindung, um auf diese Weise eine vollständige Kontrolle über das eigene Selbst und die eigene Materialität zu gewinnen" (Becker 2000: 55). Dieser Ansicht folgend dient also die Ausblendung des Körpers dem eigentlichen Ziel, Macht und Kontrolle über das eigene Selbst zu erlangen. Ein Aspekt, dem sich noch gewidmet wird.

Die computergestützte Kommunikation erscheint Amy zudem objektiver (vgl. Bahl 2002: 72) und gerechter als die Kommunikation im ‚real life', da im Virtuellen das Körperliche nicht ablenke und so das ‚wahre' Bild von der Person verzerre. Fraglich erscheint jedoch, inwiefern der Körper nicht ebenso als Komponente und Element des ‚wahren' Selbst in Betracht gezogen werden sollte beziehungsweise geradezu unabdingbar dazugehörig ist. Schließlich ist der Körper mit seinen vitalen Funktionen die „Grundvoraussetzung für jede Kunst der Lebens- und Selbstgestaltung, die es ohne ihn schlicht und einfach nicht gäbe" (Scherger 2000: 246). Er ist geradezu der „exponierte Ort der Inszenierung selbst" (ebd.).

Amy ‚genießt' jedoch das ‚Leben im Netz' als einen Ort der anonymen Begegnung und fühlt sich nur hier frei von den an sie gestellten Erwartungen. Sie behauptet, sich im MUD auf Grund ihrer Anonymität ungehemmter als im ‚real life' mit verschiedenen Aspekten ihrer Person auseinander setzen zu können (Bahl 2002: 83). Auch Tracy empfindet es als positiv, dass niemand weiß, wie sie aussieht. Sie sagt: „I am judged solely on how I write" (ebd.: 84).

Doch mit Anonymität gehen auch Gefahren einher. In der Gewissheit für das Vortäuschen falscher Tatsachen nicht zur Rechenschaft gezogen werden zu können, führt Anonymität bei manchen Spielern zu einem hemmungslosen Verhalten. Wie kein anderes Medium bietet das Internet dem Menschen die Möglichkeit zur Illusion und zu ‚Täuschungsmanövern'. Michael beschreibt, dass er einige Male bei Treffen mit anderen MUD-Spielern im ‚real life' enttäuscht gewesen sei, da sich die Spieler als „typische ‚Freak-Verschnitte'" (ebd.) herausgestellt hätten. Es seien Studenten gewesen, die in ihrem normalen Alltag Schwierigkeiten und Kontaktprobleme gehabt hätten. Auf Grund dieses Erlebnisses hat Michael beschlossen, die Kontakte mit MUD-Spielern auf das Netz zu beschränken. Auch Peter berichtet, dass er enttäuscht nach Hause gekehrt sei, als er die Frau hinter Beatrice im ‚real life' kennen gelernt habe. Er meint, dass er sie im MUD so gesehen habe, wie er sie hätte sehen wollen. Das wirkliche Leben hätte ihm allerdings zu viele Informationen geliefert (vgl. Turkle 1999: 335). Michael und Peter bemühen sich aus Angst vor Enttäuschungen daher um eine strikte Trennung beider Welten.

3.2.2.2 Körper

Der ewige Wunsch des Menschen, den Körper[40] zu verlassen beziehungsweise körperlichen Beschränkungen zu entfliehen, scheint in der virtuellen Umgebung – zumindest vordergründig – seine Realisierung zu finden. So sagt etwa Tracy über MUDs, diese seien „just [...] a place to leave your body" (Bahl 2002: 54). Daniel Bell beschreibt die Erfüllung dieser Ursehnsucht wie folgt:

> [Ein] fortgesetzte[s] Streben des Selbst, über sich hinauszugelangen, irgendeine Form der Ekstase [...] zu erreichen, sich selbst als unendlich oder gottähnlich zu empfinden und in der eigenen Immor[t]alität oder Omnipotenz zu bestätigen. Die Quelle dieser Haltung ist die Endlichkeit des Kreatürlichen und die Leugnung der Todeswirklichkeit. Das radikale <Ich> stellt dem herrischen Schicksal seine Unvergänglichkeit gegenüber (Bell 1994: 61ff.).

Zweifellos steht der „Körper in seiner widerständigen und potentiell defizitären Materialität" (Becker/Schneider 2000: 7) nicht nur im heutigen Wissenschaftsdiskurs sondern wohl auch in Alltagsumgebungen wie der Computerwelt zur Disposition. „Virtualisierung, Immaterialisierung und Multiplizierung" (Becker 2000: 44) sind jene Prozesse, die den Körper und die Identität in den Cyberwelten zu charakterisieren scheinen. Welche Rolle spielt nun der Körper in der meist rein textbasierten Welt der MUDs?

Exemplarisch sei erneut Amys Fall angeführt. Trotz einer Partnerschaft im ‚real life' verliebt sie sich in den deutschen MUD-Spieler Michael. Sie berichtet, dass es ihr zunächst gelungen sei, die beiden Welten auseinander zu halten:

> It was easy for me to say 'This is the net. And this is real life.' It was very easy for me to say 'I can love this person all I want because he's 4000 miles away. He is Ovlor, not Michael. And I am not Amy. I'm Sita on the net' (Bahl 2002: 102).

---

[40] Die Körperdebatte stellt derzeit ein höchst brisantes Thema in Mediendiskursen, Soziologie, Psychologie und diversen anderen Wissenschaftsbereichen dar. Ob der Vielfalt von Aspekten, die im Zusammenhang mit Körperkonzepten behandelt werden, können in dieser Arbeit nur einige wenige Punkte in Bezug auf die Konstruktion von Identität im Cyberspace thematisiert werden.

Amy führt zwei parallele Leben. Ihre Identität kann geradezu als multipel bezeichnet werden, da sie sich aus zwei Persönlichkeiten, nämlich dem virtuellen Charakter Sita und der Amy des ‚real life‘, zusammensetzt. Nach einiger Zeit erkennt Amy jedoch, dass sich ihre Netzgefühle nicht mehr von denen im ‚real life' trennen lassen und Michael und sie werden ein Paar. Amys Identitätskonflikt ist schließlich offen ausgebrochen (vgl. Bahl 1996: 98).

Tatsächlich hat Amy Probleme mit ihrem äußeren Erscheinungsbild im ‚real life‘ und spielt daher eine schlanke Person im MUD. Die nicht der Realität entsprechende Figur im MUD bezeichnet sie jedoch bemerkenswerter Weise als „who I really am" (Bahl 2002: 105). Erst das MUD habe ihr den nötigen Handlungsspielraum zur freien Entfaltung ermöglicht. So meint auch T.L. Taylor, dass MUD-Spieler erst durch ihre virtuellen Charaktere „embody themselves and make real their engagement with a virtual world" (Taylor 2002: 40). Sie fährt folgendermaßen fort: „[D]igital bodies will tell the world something about your self. They are a public signal of who you are" (ebd.: 51). Taylor hält demnach virtuelle Charaktere für das wirkliche und einzige ‚wahre Selbst' und schließt sich daher den Äußerungen vieler MUD-Spieler an, die „identify their avatar as ‚more them' than their corporeal body" (ebd.: 54).

Eine vom Internet in Bezug auf Körperkonzepte gespielte Doppelrolle wird hier offensichtlich. Auf der einen Seite setzt der Cyberspace „den Körper immer stärker in Distanz [...] zu sich selbst" (Schneider 2000: 32), indem der physische Körper nicht mit in die Cyberwelt hinein genommen werden kann und sich die Kreation der virtuellen Identität (meist) rein textbasiert vollzieht. Andererseits ermöglicht er jedoch zugleich „neue, sinnliche Körpererfahrungen" (ebd.). Paradoxerweise führt schließlich gerade die scheinbare Körperlosigkeit im Internet erst zu einem gesunden Körperverständnis im ‚real life'. Erst im Virtuellen fühlen sich die MUD-Spieler frei, erkunden hier ungehemmt ihre Wünsche und Sehnsüchte und setzen sich so mit ihrem (visuell ausgeblendeten) Körper auseinander. Bemerkenswert ist zudem die „elektronisch ermöglichte[n] Vermengung von Anonymität und Intimität" (Funken 2000: 109). Durch die physische Ausblendung des Körpers und dem dadurch bedingten Wegfallen von Hemmungen kommt es zu intimer Nähe, zu Intimität rein psychischer Art. Jene Doppelrolle des Ausblendens des Körpers auf der einen Seite sowie der daraus resultierenden Evozierung eines gesunden Körperbewusstseins auf der anderen stellt einen weiteren Beleg dafür dar, dass die Dimension des Körpers im Cyberspace nicht obsolet geworden ist. So hat Amys Fallbeispiel nicht die Bedeutungslosigkeit des Körperlichen im Netz bezeugt. Im Gegenteil belegt es eher die Bedeutung und Wichtigkeit, welche psychische Vorstellung die beiden Kommunikationspartner optisch voneinander haben. Amys Lüge wäre schließlich nicht notwendig gewesen, wenn nicht in der virtuellen Welt das gleiche Körperideal wie in der Offline-Realität gelten würde.

Amy nutzt die virtuelle Umgebung zum Ausleben ihres Wunsch-Ichs, welches sie interessanter Weise auch nach und nach im ‚*real life'* zu realisieren versucht (Bahl 2002: 106). Für Amy hat ihre Existenz im MUD demzufolge einen positiven Nutzen. Sie meint, dass sie sich erst mit Hilfe ihres Online-Charakters mit eher unbewusst und diffus wahrgenommenen Widersprüchen ihrer ‚tatsächlichen' Persönlichkeit auseinander gesetzt habe. Ihr Fazit lautet, dass erst durch das MUD ihr ‚wahres Ich', losgelöst von einem unattraktiven Körper, zum Vorschein gekommen sei. Amy begreift ihre Identität als dynamisch und bringt so die spezielle Ausprägungsform eines sehr körperbezogenen ‚*identity switches'* zwischen ‚*real life'* und Cyberwelt zur Perfektion. Ihre Identität setzt sich aus der virtuellen Persönlichkeit Sita und der realweltlichen Amy zusammen.

Des Weiteren fällt eine klare Trennung zwischen Körper und Geist im Cyberspace schwer. So schildert eine Interviewpartnerin Bahls, dass sie verzweifelt hätte mit ansehen müssen, „wie ihre Netzidentität Legba, in die sie ungeheuer viel Zeit, Energie und Gefühle investiert hatte, netzöffentlich durch den Schmutz gezogen wurde" (Bahl 1996: 96). Ihre Tränen, die dieses Ereignis in ihr ausgelöst hätte, seien real gewesen und „die Tatsache, daß es sich [bei den Beleidigungen] nur um Text'" (ebd.) gehandelt hätte, hätte ihren Kummer nicht gelindert. Funken erwidert jedoch, dass „alle textuellen Bemühungen um körperliche Befindlichkeiten lediglich *Anzeichen* für, aber nicht *Empfindungen* von Körperzuständen [SR: seien], die wir z.B. als Schmerz oder Genuß, als Frieren oder Schwitzen, als Erstarrtheit oder Erregtheit etc. kennen" (Funken 2000: 115) würden.

Dennoch lässt das Leiden der MUD-Spielerin zumindest das Problem einer klaren Grenzziehung zwischen Körper und Geist offensichtlich werden. Im MUD scheint der Geist nicht nur Teil des Körpers, sondern geradezu „der Körper schlechthin" (Bahl 1996: 96) zu sein. Die Trennung von Wort und Tat wird folglich diffus; es kommt zu einer Verschmelzung von Sprache und Handeln.

Es lässt sich bilanzieren, dass sich die physische Ausblendung des Körpers[41] in der computergestützten Kommunikation für Menschen mit einem gestörten oder unzufriedenen Körperbewusstsein als befreiendes Charakteristikum herauszustellen scheint (ebd. 2002: 73). Dagegen versuchen Menschen mit einem ausgeglichenen und positiven Körperbewusstsein, die Körperlosigkeit im Netz, etwa mittels einer ‚ausgeflaggten' Körpersprache, zu kompensieren. Im postmodernen Diskurs sollten also die Grenzen zwischen Körper und Geist, zwischen Realem und Virtuellen eher neu gezogen werden, als dass Fantasien von tatsächlicher Körperlosigkeit Glauben geschenkt werden sollte (Morse 1997: 195). Schließlich hat sich gezeigt, dass der Körper in virtuellen Welten ganz und gar nicht unbedeutend geworden ist, sondern dass er sogar maßgeblich als eine Art suggestives Element die Kommunikation der MUD-Spieler zu beeinflussen

---

[41] In psychischer Hinsicht scheint sich der Mensch seines Körpers immer, wenn auch nur diffus, bewusst zu sein. Latent ist der Körper permanent präsent.

scheint. So hält zwar Reid-Steere das virtuelle Selbst für körperlos und vielgestaltig, sie macht jedoch darauf aufmerksam, dass dieses mit einem körperlichen Punkt verbunden bleibe: „[D]er Online-Raum mag zwar virtuell sein, doch die Online-Äußerung kommt von einer Identität, die in einem Körper wohnt" (Reid-Steere 2000: 289). Die geschilderten Prozesse scheinen Lutz Ellrichs These zu belegen, im Cyberspace eine „Dialektik von Ent-Körperlichung und Ver-Körperung" (Ellrich 1997: 141) zu sehen; also sowohl eine Aufwertung als auch Abwertung des Leibes durch die Wirkungen des elektronischen Raums zu erkennen.

Der Cyberspace sollte also weniger als körperloser Raum, sondern vielmehr als ein Raum mit artifiziellen Körpern angesehen werden, die jedoch nicht losgelöst vom Körper des ‚real life' betrachtet werden sollten. Auch Adamowsky macht darauf aufmerksam, dass der Cyberspace entgegen allen Visionen, Kritiken und Befürchtungen nicht darauf angelegt sei, „den Körper auszulöschen" (Adamowsky 2000: 174). Sie geht sogar so weit zu sagen, dass man den Körper endlich mit hinein nehmen könne in jenes „Land hinter den Spiegeln" (ebd.). Auch Simone Scherger meint, dass der Körper die „Grundvoraussetzung für jede Kunst der Lebens- und Selbstgestaltung" (Scherger 2000: 246) bleibe und bezeichnet ihn weiter als „exponierte[n] Ort der Inszenierung selbst" (ebd.).

Nach Adamowsky verdeutlicht die Rolle des Körpers in der virtuellen Welt geradezu, dass der Cyberspace nichts mit dem Verschwinden der Realität zu tun habe. Der Körper erwache vielmehr erst durch die Interaktion mit einer anderen Welt, die außerhalb seiner selbst liege und deren Realität erst in den virtuellen Raum hineingeholt werden müsse, zum Leben (vgl. Adamowsky 2000: 175). Adamowsky glaubt also ebenfalls, dass der virtuelle Raum unabdingbar an das ‚real life' gekoppelt ist. Nur mit Hilfe des Körpers könne man das Virtuelle fühlen (vgl. ebd.). In diesem Sinne ist also die Kategorie des Körpers nicht mehr nur auf das Leben und Empfinden des ‚real life' beschränkt oder für dieses relevant. Der Körper und die Wirklichkeit der ‚realen' Welt scheinen einander nicht mehr definitiv und unhinterfragt zu entsprechen. Vielmehr werden durch den Cyberspace Verknüpfungen und Verschiebungen von Körper und virtueller Realität oder aber auch von artifiziellem Körper und Wirklichkeit möglich.

3.2.2.3 Geschlecht

Bei der Geburt eines Kindes wird als erstes dessen Geschlecht festgestellt. Diese Feststellung kann nur in relativ seltenen Fällen nicht eindeutig ausfallen. An das physische, äußerlich sichtbare Geschlecht heften sich in der Folgezeit Vorstellungen darüber, was für den Angehörigen einer Geschlechtskategorie typisch ist und wie er sich verhalten sollte. Was im Einzelnen in den verschiedenen Gesellschaften an diesen Körpermerkmalen festgemacht wird, ist recht unterschiedlich und von jeweils unterschiedlicher Gegensätzlichkeit. Wie es dazu kommt, dass sich das Kind im Alter von drei bis fünf Jahren als Junge oder als Mädchen begreift oder vielmehr dazu wird, versuchen viele Theorien zu erklären, besonders kognitive, psychoanalytische, rollen- und lerntheoretische. Sowenig wie die physischen hat die erwachsene Person die sozialen Geschlechtsmerkmale geschaffen oder gewählt, die ihr oft so natürlich und selbstverständlich wie jene erscheinen. Sie ist gemeinhin Mann oder Frau. Und jeder weiß oder glaubt zu wissen, was das ist, wie die Konstruktionen und Messungen oder Maskulinität-Femininitäts-Skalen bestätigen. Außer durch spezifische Eigenschaften werden Weiblichkeit und Männlichkeit in den westlichen Gesellschaften durch die Ausübung bestimmter Tätigkeiten charakterisiert. Soweit den Geschlechtern spezifische Fähigkeiten, Eigenschaften, Interessen, Attitüden und Relevanzen zugeschrieben werden, ist es nicht opportun, offen diejenigen zu zeigen, welche nicht zum eigenen Geschlecht gehören. Diese Restriktionen lassen sich im Cyberspace umgehen:

Dass Identität Resultat kontinuierlicher Inszenierungs- und Konstruktionsprozesse ist, wirkt sich so auch auf das virtuelle Geschlecht aus. Zwar ist dieses nur ein „aspect of personal identity that people explore on MUDs" (Bruckman 1999: 4), es soll hier jedoch beispielhaft illustriert werden. Grundlegend ist, dass das Geschlecht-Sein beziehungsweise Geschlecht-Haben in der virtuellen Welt nicht länger als natürlich Gegebenes, sondern als „Produkt sich ständig wiederholender performativer Akte" (Becker/Funken 1999: 667) begriffen wird.

So kann im MUD bei der Konstruktion des virtuellen Charakters frei zwischen den Geschlechtern weiblich, männlich und neutral oder einer Massenbezeichnung, wie etwa „swarm_of_bees" (Bruckman 1992: 4) gewählt werden. Das Geschlecht ist in der menschlichen Interaktion derart fundamental, dass es absurd klingen mag, im Virtuellen einen neutralen Charakter zu wählen. Schließlich war bisher „the idea of a gender-free existence [...] conceivable only in science fiction" (Danet 1998: 135). Ein sonderbares Gefühl bei der Kommunikation mit einem neutralen Charakter schildert Curtis wie folgt:

> When I first met an ungendered character, I felt a profound sense of unease. How should I relate to this person? Most unsettling was my unease about my unease: why should this matter? I am having a casual conversation with a random stranger; why should I feel a need to know his or her gender? (aus: Bruckman 1993: 1)

Viele Menschen verspüren das Bedürfnis, Erfahrungen aus Sicht des anderen Geschlechts zu machen. Die meisten MUD-Teilnehmer stellen jedoch meist unmittelbar fest, wie schwierig es ist, die Fiktion dem anderen Geschlecht anzugehören, aufrecht zu halten. Schließlich beeinflusst das Geschlecht jeden Handlungsschritt. Die Spieler müssen zur adäquaten Umsetzung des anderen Geschlechts wissen, „welchen Einfluss das Geschlecht auf die Sprache, das Verhalten und die Interpretation von Erfahrungen hat" (Turkle 1999: 344).

Eines der stärksten Motive für den Geschlechtertausch im virtuellen Raum scheint der Wunsch, Tiny Sex[42] als jemand vom anderen Geschlecht zu haben. Turkle macht hier auf die Gefahr aufmerksam, durch diesen virtuellen Transvestismus gegebenenfalls Dinge oder Neigungen über sich selbst zu erfahren, von denen man nie etwas geahnt hätte (vgl. ebd.: 345). In diesem Sinne ermöglicht Geschlechtertausch, möglicherweise seit langer Zeit in sich ruhende sexuelle Konflikte zu ergründen oder aber lediglich das Bewusstsein für die Vorstellung des anderen Geschlechts in der Gesellschaft zu schärfen und diese Sicht zu reflektieren. Turkles Interviewpartner Case antwortet auf die Frage, was seine MUD-Exkursionen für ihn bedeutet hätten:

> [D]adurch, daß ich diese Frau spiele, sehe ich, was ich in meinem psychischen Repertoire habe, was mir schwer- und was mir leichtfällt. Und außerdem kann ich feststellen, daß einige der Dinge, die funktionieren, wenn Du ein Mann bist, nach hinten losgehen, wenn Du eine Frau bist (ebd.: 347).

Folglich betrachtet Case MUDs als eine Art Bewusstseinstraining für Fragen der Geschlechtszugehörigkeit. Cases Aussage macht zudem deutlich, dass es nicht nur körperliche Eigenschaften sind, die im virtuellen Raum neu erfunden werden, sondern dass ebenso psychische Charakteristika erprobt werden, die mit der eigenen sozialen Rolle ansonsten schwer vereinbar erscheinen beziehungsweise den klassischen Geschlechtsrollenstereotypen nicht entsprechen. Ähnlich äußert sich auch Andrew:

> I, too played female characters. I found it extraordinarily interesting. It gave me slightly more concrete understanding of why some women say, ‚Men suck.' It was both amusing and disturbing (Bruckman 1993: 3).

Die Möglichkeit aufzufallen beziehungsweise Aufmerksamkeit auf sich ziehen zu können, führt Bruckman als weiteres Motiv an, weshalb vor allem Männer weibliche Charaktere im virtuellen Rollenspiel bevorzugen würden. So würden Männer sexuelle Annäherungsversuche anderer Figuren genießen. Sie meint:

> New female players are often swarmed with male players vying for their attention. The male players offer technical assistance and gifts of money or objects to help the female player get started. A male player on an LPMud spontaneously gave me a bunny-skin helmet and a black cocktail dress. The dress functioned as armor. A male player on TrekMUSE demanded a kiss after answering a technical question. Suggestive comments and winks are common (ebd. 1992: 26).

---

[42] Bezeichnung für fiktiven, ebenfalls rein textbasierten im Cyberspace stattfindenden Sex. Diese Aktivität im Cyberspace bildet für viele Leute das Kernstück ihrer Online-Erfahrung.

Sie fährt fort, dass „the most promiscuous and sexually agressive women" meist von Männern gespielt würden. Zur Illustration bezieht sie sich auf Curtis, der sagt: „If you meet a character named 'FabulousHotBabe', she is almost certainly a he in real life" (ebd. 1993: 3).[43] Diese Ansicht stimmt auch mit Beckers und Funkens Meinung überein. Sie vertreten die Ansicht, dass in der virtuellen Welt weniger mit Identitätsentwürfen gespielt würde, als dass vielmehr traditionelle Zuschreibungen und Grenzziehungen wiederholt und zementiert würden (Becker/Funken 1999: 667). Die Interaktion in den virtuellen Umgebungen scheint in dieser Hinsicht Geschlechterrollenstereotype eher fortzuschreiben als zu überwinden. Auch Curtis meint, dass das wahre Geschlecht oftmals schon auf Grund einer evokativen Namensgebung oder aber einem sonstigen speziellen Vokabular erkennbar sei. Beckers und Funkens These folgend werden „traditionelle Konventionen aus ‚realweltlichen' Kontexten übertragen und Klischees perpetuiert" (ebd.: 668). Dieser Aspekt unterminiert erneut Turkles Auffassung von einer frei wählbaren Identität in der Cyberwelt als einer konventionslosen und unvoreingenommenen Sphäre.

Bemerkenswert ist zudem, dass sich viele Frauen gerade wegen sexueller Belästigungen im Cyberspace eher für männliche Spielfiguren entscheiden. Hinzu kommt die häufig weiblichen Charakteren im MUD unterstellte Hilflosigkeit bezüglich technischer Dinge. Die Spielerinnen machen auf die Gefahr aufmerksam, dass „if people treat you like incompetent, you may begin to believe it" (Bruckman 1999: 3). Diesem negativen Einfluss, der sich gegebenenfalls auf das ‚real life' auswirken könnte, soll durch die Wahl eines männlichen Charakters sozusagen prophylaktisch entgegen gewirkt werden.

Die Spielerin Zoe glaubt, dass MUDs ihr Bewusstsein dahingehend verändert hätten, sich heute eher in der Lage zu sehen, in ihrer Ehe ihre Meinung zu äußern. Zwei Jahre lang hat Zoe einen MUD-Mann gespielt und diesen zur Perfektion gebracht, indem sie zum Wizard avancierte. Dabei stellte sie fest, dass sie als Mann sehr entschieden auftreten konnte, während sie sich zickig vorgekommen sei, sofern sie als Frau auf ihre Meinung beharrte. Heute könne sie jedoch durch ihre Erfahrungen im MUD auch im ‚real life' entschieden auftreten. Der virtuelle Geschlechtertausch hat Zoe offensichtlich einen „größeren Verhaltens-

---

[43] In der Regel werden besonders promiske und sexuell aggressive Männer als Frauen enttarnt. So bringt der Rollentausch im Netz eher eine – hauptsächlich von Männern vorgenommene – Überzeichnung der traditionellen Dichotomie mit sich. Ein kleiner Rückblick auf die durchaus alte Geschichte des *cross-dressing* zeigt tatsächlich, dass der Rollenwechsel der Frauen ins andere Geschlecht sozial akzeptiert war und gesellschaftlich durchaus ausgetragen wurde (zum Beispiel die Bubikopfbewegung). Als Frauen maskierte Männer jedoch wurden sozial eher geächtet und galten – als die Homosexuellen – als Sünder, Kriminelle oder psychisch Kranke. Weil sich Frauen im 20. Jahrhundert Androgynität als emanzipierte Ausdrucksform angeeignet haben, der Rock für Männer aber noch immer weitgehend tabu ist, ist anzunehmen, dass es keinen wirklich weiblichen Transvestismus gibt.

spielraum in der Wirklichkeit" (Turkle 1999: 359) eröffnet. In diesem Sinne meint Bruckman abschließend:

> Gender swapping is an extreme example of a fundamental fact: the network is in the process of changing not just how we work, but how we think of ourselves – and ultimately, who we are (Bruckman 1993: 5).

Andreas kommt zu dem Schluss, dass man sich in der MUD-Welt grundsätzlich kein Bild vom Gegenüber machen dürfe. Die Frage nach der Geschlechtsidentität sei so lange nicht endgültig zu beantworten, bis man die Person nicht körperlich vor sich gehabt hätte (vgl. Bahl 2002: 116). Während es in den Anfängen der virtuellen Rollenspiele als grundsätzlich verwerflich angesehen wurde, sich als jemand vom anderen Geschlecht auszugeben, wird mittlerweile die Möglichkeit in Betracht gezogen. Legendär ist der Fall eines New Yorker Psychiaters, der sich Anfang der achtziger Jahre unter dem Namen ‚*Quiet Lady*' in ein Chat-Forum einloggte und dahinter eine gelähmte, entstellte und stumme junge Frau entstehen ließ. Sie avancierte schließlich zu einer wirklichen Netzpersönlichkeit, an die sich viele Frauen mit der Bitte um Rat richteten. ‚*Quiet Lady*' ging schließlich so weit, ihre Online-Freundinnen mit ihrem engen Freund Alex in Kontakt zu bringen, so dass es dem Psychiater möglich wurde, seine Netzbekannten auch offline kennen zu lernen. Der Psychiater verstrickte sich jedoch schließlich immer mehr in Lügen, bis er unter großer Empörung enttarnt wurde.

Während also in der realweltlichen Kommunikation das Geschlecht sichtbar ist und die körperliche Präsenz unvermeidbar soziale Zuschreibungen provoziert, hängt bei der computergestützten Kommunikation das Geschlecht, trotz manch möglicher Indizien wie dem Namen, ausschließlich von der Zuschreibung und Vermutung der Interaktionspartner ab. In der realweltlichen Begegnung gehört die Wahrnehmung des Geschlechts einer Person zur Ausgangssituation, während sich in der virtuellen Welt das Geschlecht kaum definitiv bestimmen lässt und, wenn überhaupt, Resultat der Begegnung ist. Zweifellos relativiert eine solch demonstrierte und auch inszenierte Geschlechtlichkeit die „Selbstverständlichkeit der alltäglichen Geschlechterkonstruktion" (Becker/Funken 1996: 670). Auch in Bezug auf das Geschlecht muss also das von Turkle propagierte befreiende Potential des Lebens in der virtuellen Welt kritisch und eingeschränkt betrachtet werden.

Zudem untergräbt die Auffassung von der Konstruktion einer frei wählbaren Geschlechtlichkeit die Vorstellung vom Cyberspace als einem Raum der Körperlosigkeit. Vielmehr scheint diese erneut die Körperbezogenheit zu belegen. Schließlich ist die Behauptung, dass sich das Geschlecht frei herstellen ließe nur deshalb radikal, „weil sie sich auf den Körper bezieht" (Funken 2000: 127). Wenn der Körper in der Tat in virtuellen Umgebungen tatsächlich unbedeutend wäre, wäre auch die Konstruktion des virtuellen Geschlechts belanglos.

3.3 Die Frage nach der Attraktivität und Gefahr von MUDs

„In MUD-Welten ist eine Beschreibung dasselbe wie eine Schöpfung" (Harrison 1996: 298) – Vielleicht ist es genau dieses gottgleiche schöpferische Potential oder aber die daraus resultierende Allmacht und Kontrollmöglichkeit, die den Reiz am virtuellen Rollenspiel ausmachen. Zweifellos lässt sich die Erschaffung virtueller Charaktere nicht losgelöst von einer realen Umgebung betrachten. So wie „die selbstgewählten Identitäten (und Erlebnisse) von den Nutzern verschiedener Internetdienste mit in die ‚reale' Welt genommen werden, so ist ebenso anzunehmen, dass Diskurse der ‚realen' Welt einen Einfluss auf die Artikulation von Identität innerhalb des Internets [...] haben" (Zurawski 1999: 171f.).

Im Folgenden sollen die Bedeutung und Funktion der virtuellen Welten für die postmoderne Gesellschaft erläutert werden. Inwiefern sich MUDs also zum einen konstruktiv für unser Selbst beziehungsweise die Konstruktion unserer Identität auswirken können, welche Gefahren jedoch zum anderen mit einer exzessiven Cyber-Nutzung einhergehen, soll nun erläutert werden.

3.3.1 Kontrolle und Macht

Ein wesentlicher Beweggrund für die Kreation einer virtuellen Figur scheint für viele Teilnehmer darin zu bestehen, im Cyberspace das Gefühl von Kontrolle und Macht zu erleben. So meint Geoff, dass „[s]ome people get their kicks out of having the sort of pretty power over other people that high-level chars on LPs, wizzes, gods, etc [...] have" (aus: Bruckman 1992: 33). Menschen beider Geschlechter und jeden Alters würden im MUD mit „issues of control and of identity" (ebd.: 35) spielen und nach diesen streben.

Das virtuelle Rollenspiel erlaubt weitgehende Kontrolle über die Informationen, die andere über einen selbst erhalten sollen. Auch Tracy meint: „[T]here is little you can learn about another player without he is telling you" (Bahl 2002: 82). Die Spieler erschaffen ihre Charaktere selbst und können bestimmen, wie sie funktionieren beziehungsweise reagieren sollen. Dieses Potential der Schöpfung eines (virtuellen) Lebens lässt die Spieler ein Gefühl von Macht empfinden. Schließlich ist die Fähigkeit der Erschaffung von Leben sonst nur Gott[44] vorbehalten. Turkle meint, dass MUD-Spieler nicht nur Autoren von Text, sondern auch Schöpfer ihrer eigenen Identität seien, indem sie durch „soziale Interaktion neue ‚Selbste' entwerfen" (Turkle 1999: 13) würden.

Adamowsky macht jedoch auch auf „Schwierigkeiten des Welterfindens" (Adamowsky 2000: 172) aufmerksam. Sie meint, dass „dauernd alles entscheiden, definieren, installieren zu müssen" (ebd.: 173), den MUD-Spieler über kurz oder

---

[44] Inwiefern auch dem Menschen durch die heutige Gentechnologie Eingriffe in das ‚Buch des Lebens' möglich sind, wird im Ausblick thematisiert.

lang wahnsinnig machen müsse. Die Mischung aus Orientierungslosigkeit, Verantwortung, Gestaltungsofferten und die permanente Notwendigkeit sich entscheiden zu müssen, seien „unübersichtlich und anstrengend" (ebd.: 181). Sie betrachtet das Potential von Kontrolle und Macht und das daraus resultierende gottähnliche Schaffungspotential eher als eine Belastung als eine Befreiung. Schließlich verlange der Cyberspace, wie auch jede andere Phantasiewelt, „nach einer kompletten Ökologie an Subjekten, Objekten, physikalischen, geographischen, sozialen und politischen Prozessen" (ebd.: 173). Dass der Cyberspace tatsächlich ‚wahnsinnig' machen würde, sieht sie in dem sich für viele MUD-Spieler zu einem Sog, einer Sucht, einem „Sturz in die Seelenabgründe" (ebd.) entwickelnden virtuellen Raum bewiesen. Eine im ‚real life' an Magersucht leidende Spielerin beschreibt jedoch, welch positiven Nutzen sich ihr durch MUDs ermöglicht hätte:

> Im wirklichen Leben ist Kontrolle alles. Ich weiß, wie beängstigend es für mich ist, eine Frau zu sein. Daher bemühe ich mich, meinen Körper verschwinden zu lassen. Das gilt fürs wirkliche Leben und für die MUDs nicht weniger. Im MUD bin ich ein weibliches Wesen, doch keines, mit dem man sexuell zu schaffen haben wollte. Meine MUD-Beschreibung ist verschwommen und sperrig. Ich mag den Ausdruck ‚weibliches Wesen'. Ich glaube, das möchte ich auch im wirklichen Leben sein (Turkle 1999: 349).

Auch Tracy und Reina ‚genießen' das virtuelle Spiel mit „verschiedenen Potentialen ihres Selbst" (Bahl 2002: 125) und begründen dieses Gefühl damit, dass sie das ‚Leben im Netz', im Gegensatz zu ihrem Leben außerhalb der virtuellen Welt, unter Kontrolle hätten. Tracy wünscht sich daher, die ‚Programmiersprache' auch im ‚real life' zu beherrschen, wo sie jenes Gefühl von Kontrolle vermisst: „I can't quit and logout and go home and make the bad [go away]. I can't close the book and say, 'I don't wanna read anymore right now'" (ebd.).

3.3.2 ‚Identity Workshop' – MUDs als ‚Probebühne'

Identitätsarbeit zielt darauf, ein individuell gewünschtes oder notwendiges Gefühl von Identität zu erzeugen. Voraussetzungen für dieses Gefühl sind soziale Anerkennung und Zugehörigkeit. Vor dem Hintergrund von Pluralisierungs-, Individualisierungs- und Entstandardisierungsprozessen ist das Inventar übernehmbarer Identitätsmuster ausgezehrt. Alltägliche Identitätsarbeit hat die Aufgabe, die Passungen, die Verknüpfungen unterschiedlicher Teilidentitäten vorzunehmen. Qualität und Ergebnis dieser Arbeit findet in einem machtbestimmten Raum statt, der schon immer aus dem Potential möglicher Identitätsentwürfe spezifische erschwert beziehungsweise andere favorisiert, nahe legt oder gar aufzwingt. Qualität und Ergebnis der Identitätsarbeit hängen von den Ressourcen einer Person ab, von individuell-biographisch begründeten Kompetenzen über die kommunikativ vermittelten Netzwerkressourcen bis hin zu gesellschaftlich-institutionell vermittelten Ideologien und Strukturvorgaben. Die Konstruktion der individuellen Identität wird von Bedürfnissen geleitet, die aus persönlichen und gesellschaftlichen Lebenssituationen gespeist sind. Insofern konstruieren Subjekte ihre Identität nicht in beliebiger und jederzeit revidierbarer Weise, sondern versuchen sich in einem Gefühl von Identität in ein imaginäres Verhältnis zu ihren wirklichen Lebensbedingungen zu setzen.

Wie nun die in der virtuellen Umgebung entwickelten Fertigkeiten und sozialen Kompetenzen in der realen Welt umgesetzt werden, soll nun in Anlehnung an Bruckman unter dem Aspekt der MUDs als ‚*identity workshops*' behandelt werden. Bruckman zufolge bilden MUDs „a workshop for the concept of identity" (Bruckman 1992: 22). Viele Spieler würden sich „somehow different on the net than off" (ebd.) verhalten. Dies führe wiederum im positiven Sinne zu einer Reflektion ihres Verhaltens und ihrer Erscheinung im ‚*real life*'. Des Weiteren behauptet sie, erst das Leben im MUD „helps people to understand the concept of identity and the ways in which we construct ourselves" (ebd.). Im Virtuellen würden die ‚Cybernauten' Dinge tun, „that they would never do in RL" (ebd.: 33); ihren Horizont insofern also erweitern.

Mittlerweile erschaffen Millionen von Menschen im Cyberspace Online-Charaktere nach dem Motto ‚Erkenne dich selbst'. Die Figuren leben in der vielgestaltigen Welt virtueller Gemeinschaften, in der „die gewohnheitsmäßige Erzeugung multipler Identitäten die Vorstellung eines realen, unitären Selbst untergräbt" (Turkle 1999: 436).

Im Gegensatz zu realweltlichen Rollenspielen sind MUDs zeitlich unbegrenzt, was eine Grenze zwischen Spiel und Wirklichkeit unklar werden lässt. Das Spiel wird vielfach zum Bestandteil des wirklichen Lebens der Spieler. Neben diesem nie enden wollenden Spiel sind laut Turkle die anonymen virtuellen Charaktere, die physische Unsichtbarkeit und die Möglichkeit, mehr als nur eine Person zu sein, jene Eigenschaften, die die „Faszination und das evokatorische Potential der MUDs als ‚Identitäts-Workshops' ausmachen" (Turkle 1997: 331).

Manche MUD-Spieler spielen eine oder mehrere Figuren, die verhasste Aspekte ihres Selbst verkörpern. Die meisten kreieren in der virtuellen Welt jedoch das, was man in der psychoanalytischen Tradition ein ‚Ideal-Ich' nennen würde. In diesem Sinne schildert eine Nutzerin ihr Empfinden in der virtuellen Welt wie folgt:

> Ich fühle mich eher so, wie ich zu sein wünsche. So kann ich nur hoffen, daß es mir gelingt, ein bißchen von dem Online-Ich in die reale Begegnung hinüberzuretten (Turkle 1999: 288).

Diese MUD-Spielerin versucht also eine stilisierte, perfekte Figur zu erschaffen, mit deren Hilfe geradezu für das ‚real life' geprobt werden soll. Die Möglichkeiten der Projektion lassen Parallelen zwischen MUDs und Psychotherapie vermuten. Bemerkenswert ist, dass auch verschiedene psychotherapeutische Theorien derzeit dem Tenor eines dezentrierten Subjekts folgen, wodurch ein Bezug zum vervielfältigten Selbst im MUD offenkundig wird. Auch in der auf Freud basierenden Psychotherapie des 20. und 21. Jahrhunderts wird die Kategorie der Identität in Frage gestellt. Das Ziel der Psychotherapie besteht jedoch nicht einfach nur darin, Raum für das ‚Ausleben' der verschiedenen Manifestationen des Selbst zur Verfügung zu stellen, sondern ebenso eine vertrauliche und zudem abgegrenzte Umgebung zur ‚Verarbeitung' ungelöster Probleme zu schaffen.

Auch diesen Anspruch erheben Turkles These folgend MUDs, in denen versucht werde, spielerisch zu einer Lösung zu kommen: Robert äußerst gar, dass die MUDs ihn von seinen Selbstmordgedanken abgelenkt hätten. Die virtuelle Welt der MUDs habe ihm ermöglicht, „Verantwortung auszuüben und Kompetenz als hoch eingestufter Administrator zu entwickeln (vgl. Turkle 1996: 324). MUDs haben sich für Robert zu einem Ort entwickelt, „von dem aus er wieder einen Sinn für Grenzen erlangen konnte und der ihn befähigte, weniger begrenzte Beziehungen einzugehen" (ebd.). Roberts Beispiel unterstützt auch Harrisons These, die virtuelle Realität nicht als physische Wirkung, sondern vielmehr als geistigen, sich auf das Leben im ‚real life' positiv auswirkenden Effekt zu begreifen (Harrison 1996: 304). Fraglich ist erneut, ob es sich bei diesem Hin- und Herspringen zwischen verschiedenen Persönlichkeiten tatsächlich um ein rein spielerisches Vorgehen handelt. So scheinen die zum Teil positiven Auswirkungen auf die Psyche der Spieler im ‚real life' erneut ein über das Spiel hinausgehendes Potential zu demonstrieren.

Auch die dreißigjährige Ava beginnt nach dem Verlust ihres rechten Beines durch einen Autounfall, die Welt der MUDs zu erkunden. Im MUD erschafft Ava ebenfalls eine einbeinige Frau, die hier Freunde findet, die mit der Behinderung problemlos umgehen. Schließlich verliebt sich Avas Spielcharakter. Sie lernt zunächst im MUD offen über die „sinnlichen und emotionalen Aspekte der virtuellen Amputation und Prothese zu sprechen" (Turkle 1999: 428). Schließlich findet Ava sogar Gefallen am virtuellen Sex und beginnt, sich in ihrem virtuellen Körper wohl zu fühlen. Diese Entwicklung lässt Ava zu dem Schluss kommen, dass die Erfahrung im MUD sie dazu befähigt habe, ihren realen Körper ein Stück mehr anzunehmen und sich wieder „als ganzer Mensch" (ebd.) zu fühlen. Sie habe erkannt, dass jeder Mensch auf seine eigene Weise unvollkommen sei und habe sich daher zunächst im MUD und schließlich auch im ‚real life' getraut, ihre eigene körperliche ‚Unzulänglichkeit' zu enthüllen beziehungsweise sich trotz ihrer physischen Unvollkommenheit ‚ganz' zu fühlen. Ava begreift demzufolge das Internet für sich als einen Ort der Heilung. Auch Taylors Interviewpartnerin Meg folgt einem ähnlichen Tenor, indem sie sagt: „I was unknowingly using my second reality as a social experience and it has become very much a learning experience for me" (Taylor 2002: 40). Und Tao glaubt: „I have learned about myself since I have been mu*ing" (Bruckman 1992: 40). Aussagen, die auch Bahls These belegen, dass MUDs als „Spielraum, in dem man über die Außenwelt nachdenken kann" (Bahl 1996: 99) betrachtet werden können.

Es lässt sich bilanzieren, dass viele MUD-Spieler die Flexibilität und Kontrollierbarkeit der Online-Identität dazu nutzen, um zum einen die Vorstellung von ihrem Selbst zu vertiefen, weiter auszugestalten oder zu modifizieren und zum anderen, um „ein emotionales Gleichgewicht im realen Leben zu schaffen" (Reid-Steere 2000: 273).

Abschließend sei jedoch auch Beckers Einwand gegenüber der Behandlung von virtuellen Umgebungen als „fiktionale ‚Als-Ob-Welten'" (Becker 1997: 169) erwähnt. Sie meint, dass MUDs auf grundlegend anderen Voraussetzungen basieren würden als das ‚real life'. Das für MUDs typische Spiel mit „Masken, fluiden Identitätstypen, [...] Gender-Swapping" (Becker 1997: 168), Leerstellen und der daraus resultierenden auf Phantasie und Imagination beruhende Kreation seines Selbst und vor allem seines Gegenübers habe keine adäquate Entsprechung im ‚real life'. Daher hält Becker es für problematisch bezüglich MUDs von ‚Als-Ob-Welten' zu sprechen. Sie könnten nur eingeschränkt als *identity workshops*[45] dienen, da sich positive Erlebnisse, Empfindungen und Erkenntnisse im Netz kaum auf das vollkommen anders strukturierte ‚real life' übertragen ließen.

3.3.3 ‚Dungeon & Dragon' – Wenn MUDs zum ‚Verließ' werden

Erinnert sei zunächst an Richard Hoggarts kulturkritische Töne, die seine Analysen der neuen Publikations- und Unterhaltungsformen durchziehen.[46] Sie sind dennoch grundsätzlich vom Kulturpessimismus der Kritischen Theorie entfernt, der die Massen dem Angebot der Kulturindustrie „widerstandslos verfallen" sieht (Horkheimer/Adorno 1947: 159). Diesem Ansatz widerspricht Hoggart 1976 vehement:

---

[45] Harrison gibt zu bedenken, dass bisher kaum empirische Befunde über die tatsächliche Beeinflussung des ‚real life' durch das ‚Leben im Netz' vorliegen. Er meint: „We know little about how online behaviors affect users' behavior offline" (Schroeder 2002: 10).

[46] Es sei daran erinnert, dass im 18. Jahrhundert von Gegnern der Medienentwicklung behauptet wurde, dass auch das Buch den Geist vergifte. Im 19. Jahrhundert wurde Ähnliches über die aufkommende Massenpresse gesagt, am Anfang des 20. Jahrhunderts über den Film und seit Mitte des Jahrhunderts wie die Rolle des Sittenverderbers mit dem Fernsehen belegt. Mit dem Beginn der 90er Jahre übernimmt diese Rolle zunehmend das Internet.

> Working-class people have traditionally, or at least for several generations, regarded art as escape, as something enjoyed but not assumed to have much connexion with the matter of daily life. Art is marginal, 'fun': 'It teks y'mind off things'; 'It teks yer out of y'self; 'It meks a break and a bit of change' ... Whilst they are enjoying it, people may submit themselves, may identify themselves; but at the back of their minds they know it is not 'real'; 'real life goes on elsewhere (Hoggart 1976: 238).

Inwiefern jedoch die Begriffe von ‚escape' und ‚real life' im Cyberspace zu verschwimmen scheinen, soll im Folgenden untersucht werden. Es scheint als ließe sich Hoggarts These „real life goes on elsewhere" (ebd.) nicht mehr problemlos aufrechterhalten. Inwiefern vielmehr das realweltliche Leben durch eine exzessive Cybernutzung zu einem Spieleinsatz (vgl. Rötzer 1995: 177) werden kann, soll nun erläutert werden.

So erkennen Gegenredner zu Bruckman und Turkle im virtuellen Rollenspiel ein gewisses Gefahrenpotential, sofern der MUD-Spieler sich nur noch über Kategorien des Virtuellen definiere und begreife. Geoff meint:

> [T]o many players, it is NOT 'just a game'. Everybody mouths that phrase (usually when it protects their own actions) -- but it's clearly false. Oh, to *some* people, it *might* be just a game... but to many -- perhaps most -- it is not (aus: Bruckman 1992: 33).

Die fesselnde Kraft des Computers[47] ist ein Phänomen, das oftmals mit der Drogensucht verglichen wird. Auch das Wort *User* wird im Englischen hauptsächlich mit Computern und Drogen in Verbindung gebracht (vgl. Turkle 1999: 42). Viele MUD-Spieler scheinen regelrecht abhängig zu sein. Tatsächlich besteht die Methode jener Abhängigkeit zu ‚entkommen' darin, das Passwort zufällig zu ändern, indem die MUD-Spieler mit dem Kopf auf die Tastatur schlagen, um sich dann nicht wieder einloggen zu können (vgl. ebd.: 296). Zweifellos verläuft die Grenze zwischen einer kontrollierten Flucht in alternative Realitäten und der physischen oder psychischen Abhängigkeit von solchen Erfahrungen sehr unscharf. So stellt Sucht schließlich auch eine Form der Flucht aus der Realität dar. Gerade in jüngster Zeit hat das so genannte *Internet Addiction Syndrome* (IAS, Internetsuchtsyndrom) von sich Reden gemacht. Gemäß einer Untersuchung von

---

[47] Harrison entwickelt in diesem Kontext eine sehr anregende Fragestellung, über die es nachzudenken lohnt: „Ist das Internet (und auch seine Online-Dienste) nichts anderes als ein riesengroßes MUD? Wandern wir nicht auch dort von Zimmer zu Zimmer, forschend und uns umsehend, kommunizierend und staunend? Und wenn wir Daten herunterladen, ist das nicht auch ein so, wie ‚Schätze' zu heben? Der einzige große Unterschied besteht darin, daß ein echtes MUD dem Spieler ein bestimmtes Ziel bietet, das er erreichen kann, wenn er alle Prüfungen und Gefahren bestanden hat. Er wird für seine Leistung belohnt. Im Internet dürfen wir nur einfach für unsere Anwesenheit zahlen..." (Harrison 1996: 311).

amerikanischen Benutzern eines Onlinedienstes betreiben ungefähr drei Prozent ihre Aktivität unter suchtähnlichem Zwang, den sie nicht mehr kontrollieren können. Das IAS zeichnet sich durch Symptome ähnlich der Alkoholsucht aus. „Kontrollverlust, zitternde Hände, flimmernde Augen, Entzugserscheinungen sowie finanzielle Verschuldung und soziale Isolation" (Diemers 2002: 120) charakterisieren diese Form der Abhängigkeit. Erwähnt sei, dass im Frühjahr 2006 Chinas Regierung die tägliche maximale Spielzeit von virtuellen Rollenspielen auch für Privatpersonen an ihren Heimrechnern per Gesetz festgelegt hat. Automatisch werden die Spieler nach sechs Stunden ausgeloggt und ein Einloggen unter dem gleichen Benutzernamen ist erst am Folgetag möglich. Parallel entstehen erste Therapieanstalten in Asien, in denen die virtuellen Rollenspieler von ihrer Spielsucht geheilt werden sollen. Offensichtlich hat das Spielverhalten schon vielerorts ausufernde Ausmaße angenommen, die sich scheinbar nicht mehr ohne staatliches Gesetz in den Griff zu bekommen lassen.

Auch Stewart bezeichnet sein Leben im MUD als „eine Zeitverschwendung mit Suchtcharakter" (Turkle 1999: 316). Das Spielen im MUD habe zu einer Beeinträchtigung seiner Selbstachtung geführt. Zum Zeitpunkt des Spielbeginns litt er bereits unter einer krankhaften Todesangst, über die er sich nicht zu sprechen traute. So flüchtete sich Stewart zunächst in wissenschaftliche Arbeiten und in handwerkliche Tätigkeiten, die er steuern und kontrollieren konnte. Die jedoch realweltliche, veränderliche und unvorhersagbare Welt der Menschen traute er sich nicht zu. In seiner Verzweiflung taucht Stewart schließlich in die Welt der MUDs ein. Schon nach kurzer Zeit verbringt er zwölf Stunden im MUD – dem Ort, an dem er endlich über seine Probleme und Ängste sprechen kann. Dennoch sagt Stewart, dass seine MUD-Existenz nichts daran geändert hätte, „dass er sich als gehemmt, unattraktiv und unzulänglich" (ebd.: 319) empfunden hätte. Er habe anfangs gedacht, dass ihn das Leben im MUD heilen könnte, im Grund habe es ihn jedoch lediglich süchtig gemacht. In diesem Sinne ist Stewart die auf Endlosigkeit ausgerichtete Struktur des virtuellen Rollenspiels zum Verhängnis geworden. Turkle erkennt bezüglich MUDs:

> Wenn Du das Gefühl hast, du kommst nicht weiter, trittst auf der Stelle und dein Leben bewegt sich nur noch in ausgefahrenen Gleisen, dann ist die Gefahr groß, dass du sehr viel Zeit in ihnen verbringst (ebd.: 320).

Während MUDs also einerseits vielfältige Freiräume zum Ausagieren und Durcharbeiten von Problemen der Selbstwahrnehmung eröffnen und in diesem Sinne Veränderungen ermöglichen können, haben sie für Stewart lediglich zu unproduktiven Wiederholungen geführt. Auch Reid-Steeres Interviewpartner meinen zu ihren Erfahrungen im Virtuellen, „dass ihre Vorstellungen von der Welt und von ihrer Identität destabilisiert und bis zur Unkenntlichkeit zerrüttet" (Reid-Steere 2000: 282) worden wären, bis sie schließlich emotional und gesellschaftlich völlig die Orientierung verloren hätten. Reid-Steere führt diese Orientierungslosigkeit auf die Fluidität der Online-Charaktere und die mangelnde Kohärenz zwischen den einzelnen Spielfiguren zurück.

Kritiker des Cyberspace bezeichnen virtuelle Rollenspiele im Allgemeinen als Fluchtstätten und sprechen ihnen demzufolge eher destruktives als konstruktives Potential zu. Durch die Flucht in die virtuelle Welt würden die Spieler ihr wirkliches Leben und damit einhergehende Probleme unreflektiert und unbearbeitet hinter sich lassen. Viele Befragte gaben in der Tat als Motivation für die Teilnahme an derartigen Interaktionsspielen an, „in den on-line-Umgebungen den Zwängen realweltlicher Lebensumstände entfliehen" (Becker 2000: 18) zu können. Turkle hält dieser Meinung entgegen, dass MUDs weniger als Flucht aus der Realität, sondern vielmehr als eine weitere Realität, also als paralleles und nicht etwa alternatives Leben anerkannt werden sollten.

Dennoch weist eine exzessive Cybernutzung darauf hin, dass virtuelle Realitäten zum Teil „bewusst als Zufluchtsort vor der Alltagswelt missbraucht" (Diemers 2002: 119) werden. Diemers macht darauf aufmerksam, dass aus jener Realitätsflucht in der Folge ein eigentlicher Eskapismus resultieren könne, der dann zu einer gesellschaftlichen Isolierung führe. Schließlich verbringen die MUD-Teilnehmer viele Stunden vor ihren Bildschirmen, so dass zwangsläufig realweltliche Beziehungen ins Abseits geraten. Peter Hunziker erkennt zudem, dass mit dem Medienkonsum zwar häufig eine Abwendung von den realen Problemen der Lebenswelt und der Gesellschaft erstrebt werde würde, dieser sei jedoch „gleichzeitig eine Suche nach einfachen Welterklärungen und damit nach subjektiver Sicherheit" (Hunziker 1996: 97). MUDs mögen also vordergründig als Fluchtstätten dienen, das tatsächliche Ziel der User scheint jedoch die Suche nach Verständnis, Sozialität und einem glücklichen Leben zu sein.

Abschließend lässt sich sagen, dass das Leben im MUD nicht allen gleiche ‚Chancen' bietet, sondern eher ähnlich vielfältig ist, wie das ‚real life' selbst. Turkle erkennt, dass MUDs sehr hilfreich seien beziehungsweise zur Erweiterung des Selbst dienen könnten, sofern man über ein gesundes Selbst verfüge. „Wer sich auf der Jagd nach einer globalen Pseudo-Existenz im Virtuellen" (Der Spiegel 1996: 68) verlieren würde, sei meist auch im ‚real life' überfordert. Stewarts Fall zeigt, dass MUDs keine Garantie für ein glücklicheres Leben darstellen. Virtuelle Umgebungen ermöglichen also vielmehr sowohl neue Chancen als auch neue Risiken.

4 Multiple Identität/en – Eine Form von ‚Identity Switch'

Die Vorsilbe ‚Multi-' ist auf dem Vormarsch. Sie schiebt sich in den Vordergrund verschiedenster Diskurse der Gegenwart: Multi-Media, multikulturell, multiple choice, multiple Identität und multiple Persönlichkeitsstörung. Robert J. Lifton hält, wie auch Turkle, das postmoderne Selbst für multipel und dennoch in sich kohärent. Er meint: „We are becoming many-sided and fluid" (Lifton 1993: 1). In der Herausbildung eines gesunden, proteushaften Selbst sieht Lifton die bestmögliche Lösung, ein postmodernes Leben gerecht zu führen (vgl. ebd.: 229ff.). So sei das proteische Selbst, wie Proteus – „the greek sea god of many forms" (ebd.: 1) – zu raschen Wandlungen fähig, besitze aber dennoch inneren Zusammenhalt, Stimmigkeit und eine moralische Basis. Die *New York Times* schreibt

> [t]o those who worry that the post-modern age is an age of shattered selves, dissociative states, multiple personality disorders and identity diffusion, Dr. Lifton brings the good news that discontinuity can be a mirror of reality, and the standard for a reasonable life. (Richard A. Shweder: 1).

Das multiple Selbst entspricht also nach Lifton der Natur des Menschen, was durch seine Aussage „we are multiple from the start" (ebd.: 213) deutlich wird. In einem Alternativkonzept zu Lifton spricht Kenneth J. Gergen 1996 von einem ‚übersättigten Selbst'. Gergen sieht in der menschlichen Existenz einen „fortwährenden Zustand des Aufbaus und Wiederaufbaus" (ebd.: 30). Die mit Hilfe der Kommunikationstechnologien entstehende gesellschaftliche Sättigung würde den Menschen „mit einer Vielfalt von unzusammenhängenden und beziehungslosen Ausdrucksweisen des Selbst" (ebd.: 29) versorgen. So sei das „Selbst als Besitzer wahrer und identifizierbarer Charakteristika [...] demontiert" (ebd.: 30) und der postmoderne Zustand sei von einer „Pluralität an Stimmen gekennzeichnet" (ebd.). Um dennoch ein Ich beziehungsweise eine Identität artikulieren zu können, komme es auf die Kommunikation zwischen diesen einzelnen Charakteren an, weshalb Gergen „Communicamus ergo sum" (ebd.: 381) zum Leitsatz seiner Theorie erklärt.

Die wohl neueste Erfahrung von multipler Identität zeigt sich nun im Cyberspace. Das Leben im Internet hat zu einer neuen Praxis multipler Identitätserfahrungen geführt. Immer mehr Menschen definieren sich in Kategorien multipler Identität und experimentieren mit diesen, so dass virtuelle Charaktere geradezu Modellcharakter annehmen. Der Cyberspace scheint *das* Medium der Multiplizität überhaupt zu sein. Doch neben dieser „Feier der Selbstvervielfältigung" (Braun von/Dietze 1999: 6) im Internet, etabliert sich auch eine Schattenseite der Multiplizität, die wie viele Leiden der Moderne und Postmoderne einen weiblichen Körper[48] hat: Die Multiple Persönlichkeitsstörung – heute als dissoziative Identitätsstörung bekannt. Es werden Parallelen und Kontroversen zwischen psychischer Störung und multipler Identität im Cyberspace gezogen. Alle

---

[48] Auch Roland Barthes begreift den Körper als pluralen Leib: „Quel corps? Nous en avons plusieurs; le corps des anatomistes et des physiologistes celui que voit ou que parle la science [...] Mais nous avons aussi un corps de jouissance fait uniquement de relations érotiques, sans aucun rapport avec le premier" (Barthes 1973: 29).

Indizien scheinen auf eine angebrochene Zeit der Verwandlung, Erschaffung, Manipulation, Multiplizierung – einer Kultur der Simulation hinzuweisen.

4.1 Zum Krankheitsbild der Multiplen Persönlichkeitsstörung

> „[P]erdi-me dentro de mim porque era labirinto" – „Ich habe mich in mir selbst verirrt, denn ich war ein Labyrinth" (Graffiti in Sao Paulo; aus: Kraus 2000: 65).

Das Subjekt im Strudel unterschiedlicher Rollen, mit unterschiedlichen Zeitlogiken und ohne die Stütze gesellschaftlicher Kohärenzangebote, aber gleichwohl dem Zwang ausgesetzt, sich kohärent zu erzählen: Das alles scheint heute vielen Menschen bekannt zu sein. Ich möchte mich deshalb hier der Frage der Kohärenz von einem Diskurs aus nähern, in dem Kohärenz nur noch als Verlust und als fernes Ziel aufscheint. Gemeint ist die Diskussion um die Multiple Persönlichkeitsstörung (MPS). Die MPS ist neben dem Borderline-Syndrom diejenige psychiatrische Diagnose, die als emblematisch für den Subjekt-Diskurs der Moderne und Postmoderne gelten kann.

Die Idee der multiplen Persönlichkeit hatte jedoch schon immer eine populäre Seite. Schon die romantische Literatur des 19. Jahrhunderts ist von ihrem ‚Vorgänger', der Dualität, durchdrungen: Am bekanntesten ist *„Dr. Jekyll und Mr. Hyde"*, während Dostojewskis Herr Goljadkin aus dem *„Doppelgänger"* eine der bedeutendsten künstlerischen Schöpfungen darstellt. Das Spiel mit der eigenen Identität fasziniert den Menschen zu allen Zeiten. Doch multiple bedeutet ‚mehr als zwei'. Weder doppeltes Bewusstsein noch dédoublement entsprachen der multiplen Persönlichkeit – einer Krankheit, die heute als dissoziative Identitätsstörung bezeichnet wird und die ebenso, wie ihre ‚Vorgängerin' die Hysterie und ihre ‚Verwandte' die Anorexie,[49] als eine der vielfältigsten Frauenkrankheiten überhaupt gilt. In Anlehnung an Ian Hacking soll sich nun dem Phänomen der multiplen Persönlichkeitsstörung aus einem vornehmlich soziologischen Blickwinkel genähert werden. Hacking zeichnet die Geschichte der multiplen Persönlichkeit als eine Geschichte des Gedächtnisses, dem wissenschaftlichen Stellvertreter der Seele (Hacking 1996: 281), nach. Er hält das Gedächtnis für

---

[49] Sowohl für die Hysterikerin als auch für die Anorektikerin stellen der Körper, die eigene Persönlichkeit und Identität ein Problem dar. Während die Hysterikerin einst als die ‚große Lügnerin' für den Körper und seine Erhaltung gekämpft hat, „[b]etrachtet ihre Erbin [die Anorexie] nunmehr den Körper selbst als Ausdruck der Verlogenheit" (von Braun 1999: 458). Von Braun bezeichnet beide Krankheitsbilder als ‚Krankheiten des Gegenwillens' (ebd.: 451) - Ein Wille um die Aufrechterhaltung von Selbstbestimmung und Kontrolle. So lässt sich auch das Symptom der Hysterie als Subjektentwurf am Rande des Konventionellen und Etablierten interpretieren, ob damals bewusst inszeniert oder erst aus historischer Distanz nachvollziehbar, sei dahingestellt. Es lässt sich annehmen, dass Hysterie für viele Frauen der Zeit eine Art Fluchtpunkt darstellte, der es ihnen ermöglichte, Distanz zur herrschenden männlich geprägten Subjektrationalität zu halten.

ein „wirksames Hilfsmittel bei der Suche nach Verständnis, Gerechtigkeit und Erkenntnis" (ebd.: 9). Die multiple Persönlichkeit sei ein „beispielhaftes, wenn auch nur kleinformatiges Gedächtniskonzept" (ebd.: 10) und „Erinnerungsspiel" (ebd.: 75); durch sie würden Erinnerungen hervorgerufen und verarbeitet.

In den siebziger Jahren wurde in den Lehrbüchern der klinischen Psychologie dem Phänomen der multiplen Persönlichkeit wegen seiner damaligen extremen Seltenheit kaum Erwähnung geschenkt. Heute sind Fälle multipler Persönlichkeit sehr viel häufiger. Unbestritten ist, dass in den USA generell ein Kampf um Patienten mit dieser Störung herrscht, deren Zahl in den vergangenen zwei Jahrzehnten dort – und nur dort[50] – sprunghaft angestiegen ist. Kurz erläutert sei das Argument der MPS-Gegner, die diese Form der Persönlichkeitsstörung als kollektive und kulturspezifische Suggestion betrachten. Eine große Zahl der Psychiater steht einem engen psychopathologischen Konzept multipler Persönlichkeitsstörung sehr skeptisch gegenüber. Sie bezweifeln schlicht die Existenz dieses Krankheitsbildes. Ihre Skepsis begründen sie mit den erwähnten unerklärlichen Schwankungen der Inzidenzrate. Die Skeptiker stellen die These auf, dass die Zunahme der Fallzahlen entstanden ist durch kulturelle Einflüsse auf suggestible Patienten (vgl. Chodoff 1987). Schon 1944 zogen Taylor und Martin ein sarkastisch anmutendes Fazit: „Offensichtlich haben die größte Bereitschaft dazu, eine multiple Persönlichkeit als real zu akzeptieren, (1) sehr naive Menschen und (2) Personen, die mit solchen Fällen gearbeitet haben" (aus: Fahy 1988: 600).

---

[50] Bisher bestehen nur Theorien zur Erklärung dieser extremen Häufigkeitsunterschiede: Entweder gebe es in der Welt eine extreme Ungleichverteilung der Häufigkeit sexueller Gewalt gegen Mädchen zu Lasten der USA oder aber es herrsche „eine extreme Ignoranz der Psychiater anderer Länder bei der Wahrnehmung der auch in ihren Ländern häufigen MP[S]" (Held 1999: 23). Gabriele Dietze vertritt die These, dass sich die besondere nordamerikanische Erzählung von Multiplizität aus vier Hauptquellen speisen würde: Erstens aus den intertextuellen Bezügen, mit denen sich die Multigraphien zu einer Fortsetzungsgeschichte zusammenwirken und aus der medialisierten Selbstgeneration eines wie sie es sagt ‚spektakulären' Leidens über Film, Fernsehen und Internet. Zweitens aus der kulturellen Tradition von *Captivity* und *Slave Narrative*, deren kollektives und rituelles Traumaverarbeitungsmuster konstitutiv für die amerikanische Selbstwahrnehmung und ein besonderes Konzept von Unschuld ist. Drittens aus einer Therapiekultur, die ein vom Ödipuskomplex abweichendes Paradigma der Objektbeziehung pflegt und dementsprechend emotional zuwendende Reparenting-Modelle verfolgt, die Trauma-Dissoziationsmodelle bevorzugten und auf einen pathogenen Vater fokussiert sind. Und schließlich viertens aus einem postfeministischen Verhaltensanforderungsdilemma, in dem sich ein reales und berechtigtes Unglücks- und Ungerechtigkeitsempfinden in der Sprache eines psychischen Frauenleidens ausgedrückt und mit der Missbrauchsfrage verknüpft wird und so unmittelbar Patriarchatskritik artikuliert (vgl. Dietze 1999: 230). Diese vier Stränge könnten nach Dietze Hinweis darauf geben, warum die Vereinigten Statten eine fruchtbare Wirtskultur für das Konzept der Multiplen Persönlichkeit sind.

Von den Fürsprechern der MPS-Diagnose wird jedoch der Auslöser für die Störung in sexueller Bedrängnis im Kindesalter gesehen. Man nimmt an, dass verschiedene Aspekte des Selbst unter dem Eindruck traumatischer Erlebnisse zu virtuellen Persönlichkeiten erstarren. Das wiederholte Trauma ließe einen massiven Abwehrmechanismus entstehen: Ein ‚anderes' Ich werde abgespalten und setze sich mit dem Trauma auseinander, um die Kernpersönlichkeit vor seelischem und körperlichem Schmerz zu bewahren (Turkle 1999: 358). Es handelt sich dieser Theorie folgend also um eine Spaltung als Verarbeitungs- beziehungsweise Abwehrmechanismus bereits in der Kindheit. Generell gilt unter Psychologen als häufige Reaktion auf psychische Traumata das ‚innerliche Weglaufen', welches als Spaltung des Bewusstseins oder Dissoziation bezeichnet wird. Da man psychisch nicht wirklich weglaufen könne, dissoziiere man folglich als Form der Abwehr. Ein Teil des Selbst werde abgespalten, um einen anderen, nicht beeinträchtigten Teil, zu retten.

Eine andere Forschungsrichtung von Medizinern und Psychologen vertritt jedoch die Ansicht, dass die traumatischen Erlebnisse zur Bewältigung des Kindesmissbrauchs zunächst durch Erinnerung wieder gewonnen werden müssten und dann erst im Nachhinein in abgespaltene Persönlichkeitsanteile mit Eigencharakter abgelegt würden. Die Heilung besteht hier also in einem hervorgerufenen Aufbau von multiplen Persönlichkeiten. Oftmals wird den behandelnden Ärzten die Evozierung ‚falscher' Erinnerung der höchst suggestionsanfälligen Patienten vorgeworfen. Generell scheint die Beeinflussbarkeit der Patienten ein „wichtiger Schlüssel zu ihrer Störung" (Hacking 1996: 24) überhaupt zu sein, so dass generell fraglich ist, wie ‚sicher' die Erinnerungen tatsächlich sind.

Auch in Pierre Janets und Sigmund Freuds Theorien steht die Frage nach der Erinnerung im Mittelpunkt. Ihr therapeutisches Vorgehen könnte jedoch diametraler nicht sein. So heilte Janet seine Patientinnen, indem er ihnen eine „Lüge erzählte und sie dazu brachte, daran zu glauben" (ebd.: 254). Freuds Patientinnen hingegen mussten „sich der Wahrheit stellen" (ebd.: 255). Er benutzte die „Wiedererinnerung des Traumas unter Hypnose zur Erzeugung einer Katharsis" (Dietze 1999: 206).

Hacking bilanziert jedoch, dass auch wenn sich die Vertreter der ‚wiedergewonnenen' Erinnerung und die Vertreter der ‚falschen' Erinnerung nach wie vor ‚in den Haaren' liegen mögen, sie dennoch alle von einer gemeinsamen Annahme ausgingen: Was lediglich zähle, sei die gegenwärtige emotionale Bedeutung der Erinnerung. Auch wenn eine ‚wahre' Erinnerung die Geschehnisse als real erlebte ins Gedächtnis rufen würde und eine ‚falsche' Erinnerung die Dinge mit einschließe, „die sich niemals ereignet" (Hacking 1996: 319) hätten. Hacking selbst vertritt die These, dass man sich nicht in der frühen Kindheit spalten müsse oder sich dieser Spaltung bewusst sein müsse. Man könne auch erst in der Therapie damit beginnen, „sich selbst als jemand zu sehen, der sich damals gespalten ha[be], um zu verarbeiten" (ebd.: 126). In diesem Sinne illustriere die multiple Persönlichkeitsstörung in potenzierter Form ein ganz allgemeines Phänomen hinsichtlich „des Gedächtnisses, der Beschreibung, der Vergangenheit und der Seele" (ebd.: 128). Die wieder gewonnene Erinnerung könne so „als etwas Selbstständiges" (ebd.: 169) erscheinen.

Im Folgenden soll jedoch lediglich von Interesse sein, wie sich die Krankheit der multiplen Persönlichkeitsstörung beziehungsweise ihre Symptome äußern und welche Bezüge sich generell zu einem Leben in der Postmoderne ziehen lassen. Was heißt es also, eine multiple Persönlichkeit zu sein?

Auf Grund mannigfaltiger Ausprägungen dieser Störung und trotz nimmer enden wollenden Querelen um die Rechtfertigung ihrer tatsächlichen Existenz, wurde diese umstrittene Diagnoseart der Psychiatrie 1980 zu einer offiziellen Diagnose der American Psychiatric Association. Nach unzähligen Umschreibungen und Debatten, ob es sich nun um eine echte psychiatrische Entität, Störung oder biochemische Krankheit handelt, lauten die Kriterien laut DSM-IV[51] seit 1994 für *Dissociative Identity Disorder* wie folgt:

> A. Das Vorkommen zweier oder mehrerer voneinander unterscheidbarer Identitäten oder Persönlichkeiten oder Persönlichkeitszuständen (jeder mit seinem relativ dauerhaften Muster der Wahrnehmung, der Beziehung zu und des Nachdenkens über Umwelt und Selbst).
> B. Mindestens zwei dieser Identitäten oder Persönlichkeitszustände übernehmen wiederholt die Kontrolle über das Verhalten der Person.
> C. Unfähigkeit, wichtige persönliche Informationen zu erinnern, die zu umfangreich ist, als daß sie sich durch gewöhnliche Vergeßlichkeit erklären ließe.
> D. Die Störung [disturbance] ist nicht auf die direkten physiologischen Folgen einer Substanz zurückzuführen (z.B. Blackouts oder chaotisches Verhalten im Alkoholrausch) oder auf einen allgemeinen medizinischen Zustand (z.B. komplexe partielle Anfälle).
> *Anmerkungen*: Bei Kindern lassen sich die Symptome nicht imaginären Spielgefährten oder einem anderen Phantasiespiel zuschreiben (aus: Hacking 1996: 29f.).

Dissoziation meint nun zunächst jenen Zustand, „in dem man sich auf die eine oder andere Weise, aus der Realität distanziert [...] fühlt, entweder Tagträume oder Dinge ausführt, deren man sich nicht ganz bewußt ist [...], oder andere getrennte Handlungen" vollzieht (http://www.dissoziation.org/didfaq2d.html). Der Begriff der Dissoziation bürgerte sich bereits gegen Ende des 19. Jh. ein. Janet postuliert hier, dass „Gedankensysteme von der Hauptpersönlichkeit abgespalten sind und als untergeordnete Persönlichkeiten existieren" (Kraus 2000: 67). We-

---

[51] Bei dem DSM-IV-R, herausgegeben von der *American Psychiatric Association* (APA), handelt es sich neben der ICD-10 der Weltgesundheitsbehörde (WHO) um ein Standardwerk zur klinischen Diagnostik. Beiden Werken liegt eine syndromale Klassifikation zu Grunde, deren Nachteil ist, dass sie bezüglich der ursächlichen Faktoren unspezifisch ist. Pragmatisch kann also nur mit den typischen Symptomen gearbeitet werden.

sentlich ist, dass jeder Mensch bis zu einem gewissen Grad dissoziiert; Dissoziation also einen normalen, alltäglichen psychischen Prozess darstellt. Beispielsweise ist ein geübter Autofahrer trotz eines tiefgründigen Gesprächs mit seinem Beifahrer in der Lage, in Gefahrensituation reaktionsschnell zu handeln. Während sich das eine Bewusstsein auf das Gespräch konzentriert, überprüft offenbar ein zweites Bewusstsein das Fahren. Die Automatisierung von Verhalten ermöglicht es also, habituelles und gelerntes Verhalten mit einem Minimum an bewusster Kontrolle durchzuführen. Dissoziation ermöglicht weiter ökonomisches und effizientes Entscheiden und Handeln sowie die ‚ideale' Lösung für Grundkonflikte zu sein, die aktuell nicht lösbar erscheinen. Sie ermöglicht zudem die Flucht vor den Beschränkungen der Realität, z.B. durch Trance sowie die „Isolation katastrophischer Erfahrungen" (ebd.: 79). Dissoziation so verstanden wäre demnach ein Steuerungsmechanismus, der es ermöglicht die Integrations- und Kohärenzarbeit auf das Unverzichtbare zu beschränken und ansonsten mit Ich- oder Identitätsbaustellen zu leben, mit Unabgeschlossenem und aktuell Unabschließbarem.

Auf Grund dieser Schilderung wird zwangsläufig fraglich, ob dann nicht jeder Mensch als multiple Persönlichkeit begriffen werden sollte. Dies mag zwar bis zu einem gewissen Grad bejaht werden, meint dann jedoch nicht das Krankheitsbild der MPS. Die soeben angesprochenen Bewusstseinsströme formen sich bei dem Erkrankten zu jeweils eigenständigen Persönlichkeiten,[52] ja geradezu einzelnen Identitäten aus. Pathologisch wird die Dissoziation beziehungsweise Störung also erst dann, wenn die dissoziierten Teile den Kontakt zueinander verlieren, wenn also eine amnetische Sperre beziehungsweise Trennung zwischen den einzelnen Persönlichkeiten entsteht. Es existiert keine zentrale, übergeordnete Identität und die Kommunikation zwischen den verschiedenen Persönlichkeiten ist zudem stark beeinträchtigt. Das menschliche Denken und Handeln unterliegt vielmehr ‚multipler Kontrolle'. Die „verschiedenen Persönlichkeiten [treten] nach außen in Erscheinung, leben im außen ihr eigenes Leben und identifizieren sich nicht mit dem Körper und der Gesamtpersönlichkeit" (http://www.gruppe12.de/Themen/Psychologie/MultiPersUebers.htm).

Während also bei gesunden Menschen nach außen eine einzige Person repräsentiert wird, ist bei MPS-Patienten die innere Struktur nach außen gekehrt und ermöglicht so die Grundstruktur das Bewusstseins, bisher für das Unbewusstsein gehalten, zu erkennen. Auch auf der Psychologiehomepage zur multiplen Persönlichkeit heißt es: „Das Unbewusstsein des normalen Menschen ist die Summe seiner Persönlichkeiten, ist seine multiple Struktur" (http://www.gruppe12.

---

[52] Die hier angesprochenen Persönlichkeiten entsprechen also nicht den unselbstständigen Persönlichkeiten im MUD. Während sich in dieser Arbeit für eine Gleichsetzung von ‚Persönlichkeit' und ‚Rolle' im Virtuellen entschieden wurde, entspricht ‚Persönlichkeit' bezüglich MPS tatsächlich ‚Identität'.

de/Themen/Psychologie/MultiPersUebers.htm). Der MPS-Patient agiert nicht etwa einzelne Facetten einer einzigen gefestigten Identität aus, sondern setzt sich vielmehr geradezu aus multiplen Identität*en* zusammen. Im zweiten Diagnosekriterium ist die Rede davon, dass mindestens zwei dieser Identitäten wiederholt die Kontrolle über das Verhalten der Person übernehmen. Eine zentrale übergeordnete Kontrollinstanz fehlt. Vielmehr scheinen die einzelnen Persönlichkeiten die Kontrolle über die Wirtsperson (Hauptpersönlichkeit) einzunehmen. Die einzelnen Rollen beziehungsweise Persönlichkeiten werden demnach nicht selbstbewusst gewählt (vgl. Hacking 1996: 107).

Wesentlich ist zudem, dass sowohl die Patienten selber als auch ihre Mitmenschen die einzelnen Persönlichkeiten, Altare genannt, als völlig verschiedene Persönlichkeiten wahrnehmen und nicht etwa als „Facetten ein und derselben Person" (http://www.gruppe12.de/Themen/Psychologie/MultiPers). Dieser Aspekt verdeutlicht, weshalb die multiple Persönlichkeitsstörung als Krankheit der multiplen Identität*en* begriffen werden sollte. Die MPS-Patienten leiden weniger darunter mehr als eine Persönlichkeit zu haben, sondern vielmehr darunter, „weniger als eine [SR: gefestigte, einheitliche] Persönlichkeit zu haben" (Hacking 1996: 28). Die Krankheit liegt also bemerkenswerter Weise, trotz der Herausbildung multipler Persönlichkeiten und Identität*en*, gerade in dem Fehlen einer einzigen übergeordneten Identität und dem Zerfall des Identitätsgefühls.[53] Erneut wird eine Parallele zu Alice im Wunderland ersichtlich,

> denn sie war ein merkwürdiges Kind und liebte es über alles so zu tun, als wäre sie zwei. ‚Aber jetzt hilft es gar nichts', dachte die arme Alice, ‚wenn ich so tue, als wäre ich zwei! Was jetzt noch von mir übrig ist, das reicht ja kaum für eine anständige Person' (Carroll 1994: 18).

Die Existenz zweier oder mehrerer deutlich voneinander getrennten Persönlichkeiten in einem Individuum, die jeweils zu einer bestimmten Zeit dominieren, ist das Hauptmerkmal des MPS-Patienten. Die innerseelische Bevölkerung kann sogar auf mehr als 100 Persönlichkeiten ‚explodieren'.

Ein weiteres Charakteristikum der MPS-Patienten besteht darin, dass es zu Gedächtnislücken in jüngster Vergangenheit kommen kann. Dies tritt immer dann auf, wenn die öffentliche Hauptpersönlichkeit durch eine Alter-Persönlichkeit ersetzt wird, an deren Aktivitäten die Wirtsperson keine Erinnerungen hat. Der Patient zerfällt „in eine Abfolge von Bruchstücken" (Hacking 1996: 173), deren einzelne Teile als ‚Persönlichkeitsfragmente' bezeichnet werden.

---

[53] Vgl. auch: Rosenfeld, Uwe: *Der Mangel an Sein. Identität als ideologischer Effekt.* Giessen: Fokus Verlag 1984.

Die Persönlichkeitsstruktur von Multiplen lässt sich zudem durch „Handlungen und Nebenhandlungen, Drohungen und Gegendrohungen" (ebd.: 67) charakterisieren. Eine Parallele zu der Verwendung von ‚windows' im Cyberspace, also parallel zugänglichen Spielumgebungen wird hier ersichtlich. Bemerkenswerter Weise wird auch der Persönlichkeitswechsel des MPS-Patienten in der Multiplenbewegung als „Switching' bezeichnet. Während allerdings die verschiedenen Persönlichkeiten des MPS-Patienten alternierend in Erscheinung treten, können die virtuellen Charaktere simultan aktiviert werden. Die meisten multiplen Persönlichkeiten leiden unter der Existenz jener Alter-Persönlichkeiten, versuchen diese jedoch zu leugnen, sind häufig schwer depressiv und Suizid gefährdet. Der MUD-Spieler entscheidet sich hingegen mehr oder weniger ‚bewusst' für den ‚identity switch'.

Der eigentliche Urtext zur multiplen Persönlichkeitsstörung, auf den sich dann später die politische Bewegung gegen Kindesmissbrauch stützen wird, ist *Sybil*. Dieses Buch erschien 1973 und war von der Journalistin Flora Rheta Schreiber verfasst worden, in enger Zusammenarbeit mit der Patientin Sybil und der Psychoanalytikerin Carolyn Wilbur, die Tonbandmitschnitte und Gesprächsnotizen zusammenstellte. Sybil suchte um psychologische Hilfe, weil sie unter Absenzen litt; zum Beispiel fand sie sich als New Yorkerin in Philadelphia im Hotel wieder, ohne zu wissen, wie sie dorthin gelangt war. Die Patientin entfaltete in der sechs Jahre währenden Psychoanalyse sechzehn verschiedene Persönlichkeiten, wobei die bislang vorherrschende Triade von Überanpassung, Revolte und Vernunft zwar noch erkennbar ist, aber eine Vielzahl von anderen Funktionsaufsplitterungen auftaucht. Zum Beispiel erscheinen erstmalig männliche Persönlichkeiten Sid und Mike, die Heimwerkerfunktionen und misogyne Kritik an weiblichem Unvermögen übernehmen, und eine Kinderpersönlichkeit Ruthie, die allerdings ob ihres Alters von vier Jahren etwas unartikuliert bleibt. Die revoltierenden Persönlichkeiten, Peggy Ann und Peggy Lou, sind zudem selbstzerstörerisch wütend, das heißt werfen sich an die Wand, versuchen durch geschlossene Scheiben zu springen, zerschmettern kostbares Glas. Weitere Funktionsaufteilungen finden sich in einer Mary Figur, die Hausarbeit erledigt und kocht. Auch hier hat Sybil, die Ursprungspatientin, keine Kenntnis von ihrem reichen Seelenleben, sondern nur ein Bewusstsein, dass sie sehr oft Zeit verliert und sich in Situationen und Handlungen wieder findet, an die sie sich nicht erinnert. Obwohl Teile ihres Krankheitsbildes sehr für eine psychotische Störung sprechen, wie sie die Peggy-Persönlichkeiten zeigen, vertraut die Therapeutin darauf, dass es sich um Dissoziationen handelt, das heißt um Störungen, die durch ein Trauma zustande gekommen sind und durch eine Rückerinnerung und Durcharbeitung des Ursprungstraumas auch wieder verschwinden würden. Bemerkenswert ist, dass man in der *Sybil*-Erzählung das ‚Drama' konfligierender weiblicher Rollenanforderungen beobachten kann. Viele der Sybil-Persönlichkeiten sind zeitlich mögliche Weiblichkeitsentwürfe: Berufstätige alleinstehende Frau, häusliche Mutter, weltläufige Kulturbürgerin, bildende Künstlerin, buchverliebte Intellektuelle. Wie auf einer Bühne zeigen sie sich individuell benamt und verschwinden wieder, bis zum Ende des Dramas die fusionierte und wieder funktionierende Sybil die Rolle der berufstätigen alleinstehenden Frau annimmt.

Aktuell vollzieht sich ein Wandel in der Behandlung von MPS-Patienten. Während die Therapie bislang darauf angelegt war, möglichst alle alternativen Persönlichkeiten zu entdecken und sie zwecks besserer Unterscheidung mit eigenen Vornamen zu versehen, erscheint diese Art der therapeutischen Praxis heute fragwürdig. Dieses Vorgehen würde die Patienten dazu ermuntern, sich immer weiter zu spalten. Hacking erläutert, dass die Tendenz aktuell dahin gehe, ein Kern-Selbst zu suchen, zu stabilisieren und die dissoziativen Teile zu integrieren (vgl. ebd.: 21). Viele Therapeuten versuchen daher, die verschiedenen Alter-Persönlichkeiten miteinander bekannt zu machen; als Therapieziel ist also die Fusion der fragmentierten Teile angestrebt. Die Therapeuten glauben, „daß ein durchgängiges Mit-Bewußtsein ein notwendiger Schritt zur Integration sei" (ebd.: 41). Eine Parallele zu Turkles These, dass auch MUD-Spieler über eine kohärente Kern-Identität verfügen müssen, um aus den Erlebnisse im Virtuellen Positives schöpfen zu können, wird hier offensichtlich.

Hacking ordnet die Menschen abschließend einem so genannten ‚Dissoziationskontinuum' zu. An einem Ende des Kontinuums bewahre das unitäre Selbst seine Einheitlichkeit und unterdrücke alles, was nicht zu ihm passe. Dieses Modell funktioniere selbstverständlich am besten innerhalb einer relativ starren Gesellschaftsstruktur mit genau definierten Regeln und Rollen. Am anderen Ende des Kontinuums befände sich der MPS-Patient, dessen innere Vielfalt in ein repressives und rigides Korsett gepresst würde. Die verschiedenen Teile des Selbst können hier nur „eingeschränkt miteinander kommunizieren" (Turkle 1999: 425). Das von Hacking erdachte Kontinuum macht deutlich, dass die Grenzen zwischen Störung, Krankheit und einem einheitlichen Selbst nicht abgegrenzt verlaufen, sondern eher als fließende Übergänge zu begreifen sind. Welch ökonomische und juristische Brisanz sowie Problematik in der Diagnosestellung liegen könnte, soll abschließend durch einen in der taz geschilderten Fall aus dem Jahr 1992 angedeutet werden:

> Columbia (afp) – Das Oberste Gericht in South Carolina wird sich schwer tun: Hat Carol Rutherford willentlich Ehebruch begangen oder war es ihr Doppel-Ich? Seit die Ehe von Carol und ihres Gatten Bobby rechtskräftig geschieden wurde, muß dieser Unterhalt zahlen. Dieser sieht das nicht ein, da Carol fremdgegangen war. Vor Gericht hat Carol geltend gemacht, nicht sie sondern eines Ihrer Doppel-Ichs namens Rose habe den Ehebruch begangen. Ihr Psychiater hat der unter einer Persönlichkeitsspaltung leidenden Carol 21 Doppel-Ichs bescheinigt. Das Gericht muß entscheiden, ob Carol ihre Verwandlung in Rose hätte kontrollieren und verhindern können. Dann nämlich

würde sie künftig auf den monatlichen Scheck Bobbys verzichten müssen (aus: Kraus 2000: 69).

Unbestritten ist, dass jeder bis zu einem gewissen Grad dissoziiert und mit seiner Identität experimentiert. Hacking stellt daher zur Debatte, ob die dissoziative Identitätsstörung nicht aufhören könne eine Krankheit zu sein, sondern zu einer Lebensweise werden könne (vgl. Hacking 1996: 54). Die psychische Realität des MPS-Patienten ist hiernach lediglich eine pathologische Extremform von psychischen Prozessen, die in jedem Menschen ablaufen. Von dieser These aus ist der Fokus dann zwangsläufig weniger auf die pathogenen Ereignisse als vielmehr auf allgemeine Phänomene der Dissoziation gerichtet. Denn wenn die Krankheit auf denselben psychischen Prozessen beruht wie ‚gesunde' Formen der Dissoziation, trägt die Erforschung des einen zum Verständnis des anderen bei. Es scheint also, als würden sich heute generell zwischen den beiden Extremen eines unitären Selbst und der multiplen Persönlichkeitsstörung Umrisse eines flexiblen Selbst abzeichnen. Im Cyberspace findet es bereits in Ansätzen seine Realisierung.

4.2 Zur multiplen Identität im Cyberspace oder ‚Ich bin viele'

„Im MUD kann der eine viele sein, und die vielen können einer sein" (Turkle 1999: 22). Tatsächlich scheint der Grundgedanke sich endlos vervielfältigen zu können, für die Mehrheit der MUD-Spieler den größten Reiz an der virtuellen Welt auszumachen. Vielleicht beruhen die Vorstellungen von einer fluiden Online-Identität in ihrem Kern auf der „Loslösung von der scheinbaren Starrheit des Selbst in der ‚realen Welt'" (Reid-Steere 2000: 282). Es wurde bereits erläutert, dass jeder Mensch über ein Repertoire an Rollen verfügt und demzufolge in gewisser Weise als Schauspieler charakterisiert werden kann. Als grundlegender Unterschied zum realweltlichen Rollenspiel wurde in der Online-Welt der Aspekt der Gleichzeitigkeit, also dem simultanen Vorhandensein von verschiedenen, unabhängig voneinander existierenden Persönlichkeiten oder Rollen, herausgestellt.

Die bisherigen Fallbeispiele haben gezeigt, dass die Teilnehmer ihr Selbst in Form eines ‚identity switch' bilden und modifizieren. Dieser zunächst irreführende Begriff meint jedoch nicht einen Wechsel zwischen einzelnen Identitäten. Vielmehr empfiehlt es sich, die verschiedenen virtuellen Charaktere eines MUD-Spielers als Ausprägungen einer einzigen Identität, sozusagen als Identitäts*merkmale,* zu begreifen. Offensichtlich ermöglichen MUDs die Erzeugung einer Identität, die so fließend und mannigfaltig ist, dass es fraglich ist, „ob man hier überhaupt noch von Identität sprechen kann" (Turkle 1999: 14).

Es wird zwischen zwei verschiedenen Ausprägungsformen des ‚*identity switch'* unterschieden: Zum einen bildet die virtuelle Welt per se die Möglichkeit eines zweiten, also parallelen Lebens zum ‚*real life'*. Die Teilnehmer wechseln geradezu zwischen der Realität und der virtuellen Welt einem zyklischen Pendel gleichend hin und her, so dass es zu einem ‚*identity switch'* zwischen den beiden Welten kommt. Die Identität des Spielers setzt sich demzufolge aus der realweltlichen Identität und einem weiteren Identitätsmerkmal, welches der MUD-Spieler durch den virtuellen Charakter auslebt, zusammen.

Zum anderen sind die Spieler häufig in diverse Spielumgebungen eingeloggt; sie steuern mehrere virtuelle Figuren beziehungsweise parallele Charaktere. Die verschiedenen Online-Persönlichkeiten lassen sich diesbezüglich als multiple Ausprägungen des Selbst charakterisieren. Die Identität des Spielers setzt sich aus einem Konglomerat aus virtuellen Persönlichkeiten zusammen, so dass von einem netzimmanenten ‚*identity switch'* – der Herausbildung einer multiplen Identität im virtuellen Rollenspiel selbst – die Rede ist.

Jeder MUD-Spieler verfügt dieser These folgend also grundsätzlich über eine multiple Identität, die durch die in sich schon mannigfaltige, realweltliche Identität und ein anderes virtuelles Identitäts*merkmal* gebildet wird. In potenzierter Form besitzt der Teilnehmer eine netzimmanente multiple Identität, sozusagen eine Multiplizierung in der Vervielfältigung, sofern er in diversen MUDs agiert. Die Oszillation zwischen den Welten ist derart fester Bestandteil in der Psyche der MUD-Spieler, dass das ‚*real life'* schließlich nur noch als ein Fenster unter vielen aufgefasst wird und meist nicht das ‚Bevorzugte' darstellt. Das ‚*real life'* scheint vielmehr das ‚wirklich wichtige' Leben im Virtuellen störend zu unterbrechen. Das im Wandel begriffene Selbst wird nicht mehr wahrgenommen. Die Online-Umschaltungen zwischen den verschiedenen Charakteren werden als selbstverständlich erachtet. So sagt etwa die elfjährige June „Ich spiele nicht viele verschiedene Figuren online – nur drei" (Turkle 1999: 416).

Kommt es also vielleicht zur Entstehung eines neuen, vielfältigeren Persönlichkeitsbegriffs? Zweifellos steht die traditionelle Auffassung von Identität als einem unitären und authentischen Selbst zur Disposition. Immer mehr Menschen folgen dem Tenor „Ich bin nicht eine Person, ich bin viele" (ebd.: 298). Sie begreifen sich nicht als fixierte Identitäten, sondern definieren sich eher durch eine Vielzahl von Erzählungen, in deren Zentren zum Teil virtuelle selbst gewählte Figuren stehen (vgl. Zurawski 1999: 169). Sie entwerfen multiple Bilder ihres Selbst. Das Spielen von verschiedenen virtuellen Charakteren führt dazu, dass die Spieler ihr wahres Selbst gelegentlich als ein „Kompositum aus ihren Figuren" (Turkle 1999: 310) bezeichnen, welches nach Turkle durch einen Rotationsprozess (vgl. Turkle 1999b: 94) konstruiert wird.

Die Aussage einer dreißigjährigen Lehrerin „süchtig nach ständigem Wechsel zu sein" (ebd. 1999: 288) kann als Erklärungsansatz dienen, weshalb sich viele MUD-Spieler nicht mit nur einer Online-Figur zufrieden geben. Worauf dieser Wunsch jedoch im Grunde beruht, kann hier nur vermutet werden. In der hinduistischen Kultur ist ‚Vielheit' die Wurzel spiritueller Erfahrung. In dem augenblicklichen Verhalten einer Person spiegelt sich der Einfluss eines von Hunderten von Göttern wider. Bei uns zieht sich die Forderung flexibel zu sein, wie ein roter Faden durch den Alltag. Spontaneität, Ungebundenheit und Flexibilität sind zu Schlagwörtern und Ansprüchen an das Subjekt unserer Zeit geworden. Das Internet scheint diesem Anspruch in potenzierter Form gerecht zu werden. So steuert Tracy insgesamt drei und Reina sieben verschiedene Charaktere. Tracy meint: „They're sort of like aspects of me but sort of each one is a different person. Each one is a whole person who exists independently of me" (Bahl 2002: 121). Nach dem ‚Schöpfungsakt' wird den Figuren zwar eine gewisse ‚Autonomie' oder ein gewisser Eigencharakter zugesprochen, dieser ist jedoch nicht mit einem Kontrollverlust bezüglich der Steuerung der virtuellen Figuren gleichzusetzen. Schließlich wird die Handlung und Darstellung nach wie vor von Tracy, einem die Fäden ziehenden Puppenspieler gleichend, selbst inszeniert und bestimmt. Im Allgemeinen verfügt der MUD-Spieler über eine übergeordnete Kontrollinstanz, nämlich dem Selbst des ‚real life' mit einer gefestigten Identität.

Für den weiteren Verlauf gilt Folgendes als grundlegend: Sofern der MUD-Spieler mehrere virtuelle Charaktere erschafft, die jeweils einzelne Aspekte, Wünsche oder Ängste des Spielers im ‚real life' verkörpern, lässt sich dessen Identität förmlich als multipel charakterisieren. Schließlich setzt sich diese aus verschiedenen virtuellen Persönlichkeiten und der mannigfaltigen Identität des ‚real life' zusammen. Dieser These folgend stellen also Persönlichkeit und Identität in dieser Arbeit einander nicht synonym entsprechende Kategorien dar. Die Spieler entwickeln zwar multiple Persönlichkeiten, verfügen jedoch im Allgemeinen über die Kontrollinstanz eines kohärenten Selbst und einer gefestigten Identität im ‚real life'. Die virtuellen Persönlichkeiten leben zwar in „multiple realities" (Glass 1993: XIII), also verschiedenen Spielumgebungen, verfügen jedoch für sich genommen nicht über die komplexe Struktur einer als wandelbar zu begreifenden Identität.

Nur wenn sich die Online-Charaktere als selbst regulierende und vielschichtige Persönlichkeiten darstellen, also jeweils wiederum eine eigene in sich wandelbare Identität aufweisen, sollte von der Ausprägung wirklich multipler Identitäten gesprochen werden. Das der Identität eigene Charakteristikum der Wandelbarkeit wäre schließlich nur dann gegeben, wenn im jeweiligen MUD verschiedene Facetten einer einzelnen Online-Figur erkannt werden können. Da dies jedoch nicht der Fall ist, sollte das Ausagieren von multiplen Persönlichkeiten im Zuge dieser Arbeit eher mit dem Spielen von verschiedenen Rollen, nicht jedoch mit der Ausprägung wirklich multipler Identitäten gleichgesetzt werden.

Auch Reid-Steere erläutert die Differenz zwischen dem unflexiblen und starren Verhalten der Online-Charaktere im jeweiligen MUD und der im ‚real life' verschiedene Rollen spielenden Person. So würden virtuelle Figuren „ein hohes Maß an Erstarrung und Inflexibilität entwickeln" (Reid-Steere 2000: 274), da die jeweiligen Charaktere lediglich für eine Umgebung konstruiert seien und nicht das für das ‚*real life*' typische Maß an Flexibilität aufweisen würden. Gerade die realweltliche Komplexität, unsere vielfältigen Stimmungen und wechselnden Meinungen seien die „Grundlagen für das Entstehen einer kraftvollen und lebendigen Kultur" (ebd.: 274). Sie meint weiter, dass die individuelle psychologische Flexibilität im ‚*real life*' von der Fähigkeit abhänge,

> das persönliche Auftreten einer neuen Situation anzupassen und sich neue Erscheinungsbilder auszudenken, um den wechselnden Umständen gewachsen zu sein, ohne die Kohärenz und ununterbrochene Verbindung zwischen diesen vielfältigen Erscheinungsbildern aufrechtzuhalten (ebd.).

Demzufolge charakterisiert auch Reid-Steere die menschliche Identität durch das Vorhandensein multipler Verfassungen und Gemütszustände und grenzt so das Spiel mit verschiedenen Persönlichkeiten von multiplen Identität*en* ab (ebd.: 281). Sie behauptet weiter, dass die Forschung über virtuelle Gemeinschaften „die Verwendung vielfältiger Masken für Alter, Rasse, Geschlecht und Klasse – Masken für jeden Aspekt der Identität" (ebd.) dokumentieren würde. Obwohl die zahlreichen Möglichkeiten zu multiplen Ausprägungen des Selbst dem Individuum zwar eine größere Vielfalt des Erlebens ermöglichen würde, agiere jedoch „jede dieser Verkörperungen des Selbst [...] auf sehr beschränktem psychologischem und sozialem Niveau" (ebd.: 283). Das Auftreten als virtuelles Selbst schließe Veränderungen häufig aus.

Aussagen von MUD-Spielern wie „here you'll have one character who's like laughing and joking in a bar, and one character who's like crying some place else" (Bahl 2002: 124) zeigen, dass die MUD-Spieler die ihrer Stimmung entsprechenden virtuelle Figur aktivieren und nicht etwa mit einem einzigen virtuellen Charakter verschiedene Stimmungszustände erproben. Die Spieler versuchen also nicht, die einzelne Online-Persönlichkeit an die gegebene Situation anzupassen, sondern wählen dann eher einen anderen Spielcharakter aus. Diese fehlende Anpassungsfähigkeit beziehungsweise Wandelbarkeit ist es, die den virtuellen Charakter zwar als Persönlichkeit, für sich genommen jedoch als identitätslos charakterisiert.

Neben dem Mangel an Flexibilität des einzelnen virtuellen Charakters ist es laut Reid-Steere vor allem die Singularität der Online-Persönlichkeiten, von der eine Gefahr für Online-Gemeinschaften ausginge. Allzu leicht sei in virtuellen Umgebungen die Entstehung multipler Persönlichkeiten, „nicht jedoch die Kohärenz zwischen ihnen gefördert worden" (Reid-Steere 2000: 274). Zwar würden viele Menschen auch im Berufs- und Privatleben als grundverschiedene Personen auftreten, wesentlicher Unterschied sei jedoch, dass diese fragmentierten gesellschaftlichen Masken „für die meisten von uns instinktiv in einer einzigen Selbst-Identität integriert" (ebd.: 283) seien. Dass Menschen ihre gesellschaftlichen Masken im ‚*real life*' nicht von ihren Körpern trennen können, daher alle Persönlichkeiten den gleichen Raum bewohnen und von anderen als eine Person wahrgenommen werden, fördert zweifellos diesen ‚Zusammenhalt' beziehungsweise die Integration der einzelnen Rollen im ‚*real life*'. Im Gegensatz hierzu sind die Online-Persönlichkeiten „nicht alle im selben Raum integriert" (ebd.: 283), so dass es nach Reid-Steere zu einem Bruch innerhalb der Erfahrungen einzelner Online-Figuren und folglich nicht zu einer stabilen Gemeinschaft im Virtuellen kommen könne.

Virtuelle Gemeinschaften scheinen demzufolge zwar eine breite Vielfalt multipler Persönlichkeiten, nicht jedoch deren Flexibilität zu fördern. Schließlich steht „jeder einzelnen Online-Identität nur ein begrenzter, undifferenzierter gesellschaftlicher Ausschnitt zur Verfügung" (ebd.: 284). Reid-Steere bezeichnet diesen Zustand als „kulturelle Schizophrenie", die die Online-Gemeinschaft brüchig und schlecht darauf vorbereitet mache, „sich zusammen mit den wechselnden Umständen zu entwickeln" (ebd.). Nur durch Beziehungen und Verbindungen zwischen den einzelnen Online-Persönlichkeiten könne diesem Prozess der Atomisierung entgegen gewirkt werden. So seien Dauerhaftigkeit und Beständigkeit des Selbst von entscheidender Bedeutung für einen sinnvollen sozialen Austausch. Reid-Steere betrachtet den Cyberspace als einen Raum, in dem man mit einem fragmentierten Selbst und der Verkörperung multipler Persönlichkeiten konfrontiert würde. Es müsse zu einem Zusammenwirken der einzelnen Online-Persönlichkeiten kommen, damit die virtuelle Gemeinschaft funktionsfähig sein könne.

4.3 MPS und multiple Identität im Cyberspace – Ein Vergleich

Der verschiedene Katherine Hepburn-Figuren spielende Case bezeichnet seine Figuren als Veräußerlichungen von Teilen seines Selbst. Er meint weiter:

> Im wirklichen Leben bin ich extrem diplomatisch, ich gehe Konfrontationen aus dem Weg. Ich zwinge Leuten nicht gerne meine Ideen auf. Im MUD kann ich kompromißlos auftreten. Alle meine Katherine Hepburn-Figuren tun das. Deswegen spiele ich sie wohl. Denn sie haben Haare auf den Zähnen, sie sagen, was sie meinen (Turkle 1999b: 96).

Der Unterschied zwischen Cases Beschreibungen seiner inneren Welten von Akteuren und einem MPS-Patienten ist signifikant. Cases „innere Schauspieler [sind] nicht abgespalten voneinander oder von seinem Gefühl von ‚Selbst'" (ebd.). Cases verschiedene Ausprägungen, beziehungsweise Figuren sind eher „Träger unterschiedlicher Identitätsmerkmale" (Isensee 1999: 109) und haben folglich kein ‚geheimes' Wissen. Vielmehr betrachtet sich Case als ein kollektives Selbst – als das bereits geschilderte Kompositum aus verschiedenen Figuren.

In diesem Sinne sind also die virtuellen Charaktere tatsächlich als einzelne Ausprägungen einer zu Grunde liegenden einheitlichen Identität zu begreifen.

Im Gegensatz zum MPS-Patienten verfügt der Online-Spieler zwar vordergründig über multiple Persönlichkeiten, jedoch nicht über multiple Identität*en* – also eigenständige in sich wandelbare Charaktere. Der Teilnehmer ist sich in allen Situationen der Existenz seiner Figuren beziehungsweise der verschiedenen Ausprägungen seines Selbst bewusst und verliert nur in den seltensten Fällen die Kontrolle über die diversen Charaktere. Mit Hilfe von *windows* kann er sogar simultan verschiedene Figuren steuern. Eine Fähigkeit, über die Menschen mit multipler Persönlichkeitsstörung nicht verfügen. Der MUD-Spieler kann sich je nach seiner Stimmung bewusst für die eine oder andere Figur im MUD entscheiden. Diese Wahl begründet Ito damit, dass verschiedene MUDs schließlich „different pleasures, fantasies, capabilities, and features" (Ito 1997: 99) zur Verfügung stellen würden. Auch Tracy meint:

> It's a kind of an adrenaline rush: you're like picking up, okay, be on the ball! Be on the ball! Change personalities! Because here you'll have one character who's like laughing and joking in a bar, and one character who's like crying some place else (Bahl 2002: 124).

Ähnlich klingen auch Bruckmans Erläuterungen zu ihrer Interviewpartnerin Gayle:

> She has different characters for different moods: Renata is gorgeous and sexually desirable. Marla is petite and flat chested. Susie is an emotionless Vulcan. Gayle uses these personalities to help sort out her feelings about her real self (Bruckman 1992: 21).

Erwähnt sei jedoch auch Taylors Ansicht, die die ‚absolute' Kontrollmöglichkeit von Avataren als problematisch erachtet, den virtuellen Charaktere sogar eine gewisse Autonomie zuspricht. Einer ihrer Interviewpartner meint: „You are kidding yourself if you think you will be able to control or even predict what will happen to your avatar" (Taylor 2002: 56). Taylor meint weiter, dass viele MUD-Spieler ein Gefühl von einer unbeeinflussbaren Autonomie der Avatare beschreiben würden; etwas „that lies outside of their control" (ebd.).

Ein weiterer Unterschied zwischen einem MUD-Spieler und einem MPS-Patienten bezieht sich auf das Gefühl, das Selbst als ‚Gesellschaft' zu begreifen. Während der Umgang mit verschiedenen Altaren für Menschen, die unter einer dissoziativen Identitätsstörung leiden, problematisch ist, gehen MUD-Bewohner spielerisch mit ihren Avataren um. Verschiedene Figuren werden hier bewusst kreiert, dabei wird mit unterschiedlichen Aspekten des Selbst gespielt, die zudem durchlebt und verarbeitet werden. Die „Fähigkeit nicht einer, sondern viele zu sein" (Turkle 1996: 323) wird im Netz positiv und angenehm empfunden. Identität wird in virtuellen Umgebungen „als spielerisch-situative Ausformung begriffen" (Haraway 1995: 63). Demzufolge ist die multiple Persönlichkeitsstörung als „kulturell sanktionierte Ausdrucksweise des Leidens" (Hacking 1996: 306) der multiplen ‚Cyberidentität' im Sinne eines ‚heilenden' ‚*identity workshops*' diametral entgegen gesetzt.

Zweifellos experimentieren in den letzten Jahren immer mehr Menschen mit multiplen Identitäten. Dies heißt nach Turkle jedoch nicht, dass MUDs an der drastischen Zunahme von Menschen mit Symptomen einer multiplen Persönlichkeitsstörung (MPS) kausal beteiligt sind oder gar dass Menschen, die in MUDs spielen, an MPS leiden oder aber MUDding eine Form von MPS ist. Die zahlreichen Manifestationen von multipler Identität in unserer Kultur würden vielmehr darauf hinweisen, wie erforderlich eine Überprüfung traditioneller, unitärer Identitätstheorien sei (vgl. Turkle 1999: 424). Identität und Körper sind Instanzen, wo Innen und Außen, Fremdes und Eigenes, Freiheit und Determination sich treffen. Diese Tatsache scheint für Hysteriker, Anorektiker, Menschen mit MPS und manche MUD-Spieler problembehaftet zu sein. Ihnen liegt ein gemeinsames Motiv zu Grunde: Der Versuch,

> die Unverfügbarkeit und Fremdheit des eigenen Körpers und damit der eigenen Identität einer totalen Abschottung und Elimination zu unterziehen oder durch Design und Styling zu negieren und den Körper einer totalen Kontrolle zu unterwerfen, indem er entweder ignoriert wird oder zum reflexiven Projekt, zum manipulierbaren Teil erwünschter Selbstschöpfung avanciert (Becker 2000: 25).

Das ‚Multiple' hat die gemeinsame Basis für das ‚Leben im Netz' und die Krankheit der Multiplen Persönlichkeitsstörung gebildet. Mittlerweile haben Selbsthilfegruppen von Missbrauchsopfern den Cyberspace als „Medium symbolischer Traumaverarbeitung für sich entdeckt und therapeutische MUDs ins Netz gestellt, die ausschließlich Opfern von Missbrauch vorbehalten bleiben sollen" (Dietze 1999: 219). Eine interessante Symbiose zwischen einer psychischen Krankheit und dem virtuellen Rollenspiel, mit einerseits ähnlichen und doch wiederum grundverschiedenen Prozessen, Bedingungen und Konventionen, zum Zwecke ihrer Heilung.

5 Schlussbetrachtung

In dem Leitsatz der MUD-Welt „Du bist, was du zu sein vorgibst" (Turkle 1999: 310) klingt Mythisches an. So hat auch die Geschichte von Pygmalion bis heute ihre Gültigkeit und provoziert eine mächtige Fantasie: Nicht auf unsere Geschichte beschränkt zu sein, sondern immer wieder neu erschaffen zu werden oder sich selbst zu erschaffen. Im wirklichen Leben faszinieren uns Geschichten von der Transformation, dem Spiel oder der Exploration des eigenen Selbst: „Madonna ist die zeitgenössische Ausgabe von Eliza Doolittle; Ivana Trump das Objekt morbider Faszination" (Turkle 1996: 320).

Während für die meisten Menschen derartige Neuerschaffungen des Selbst beziehungsweise der eigenen Identität durchaus schwierig sind, schaffen virtuelle Welten die Basis für Erfahrungen, die in der Realität eher unwahrscheinlich sind. Zwar stellt das Spiel mit der Identität kein neues Phänomen und keine Revolution dar, der Freiraum für jenen Selbstentwurf ist im Virtuellen jedoch ungleich größer als im ‚real life'. Im Cyberspace kommt es sozusagen zu Verschärfungsprozessen jener Stilisierung und Erprobung des Selbst. Vehementer als jedes andere Medium schärft das virtuelle Rollenspiel das Bewusstsein dafür, dass sich das Selbst ständig weiterentwickelt und nicht nur im Virtuellen in ständigem Wandel begriffen ist.

Obwohl gemeinhin die Eliminierung des Körpers als das wesentliche Charakteristikum des Cyberspace gilt, konnte gezeigt werden, dass die virtuelle Welt dennoch nicht mit einem körperlosen Raum gleichgesetzt werden darf. Vielmehr wurde deutlich, dass der realweltliche Körper hier zumindest als subversives Element und als artifizieller Körper in Erscheinung tritt. So weisen etwa die geforderte körperbezogene Selbstbeschreibung zu Beginn jeden Spiels, die Relevanz des virtuellen Geschlechts und die extrem durch Körpermetaphern ‚ausgeflaggte' Zeichensprache darauf hin, dass der Körper auch auf seine Relevanz im Virtuellen Anspruch erhebt. Die Erkenntnisse dieser Arbeit zeugen eher von einer Dialektik zwischen Aufwertung des artifiziellen und Abwertung des physischen Körpers, also zugleich einer Ent-Körperlichung und Ver-Körperung im Cyberspace.

Außerdem kann bilanziert werden, dass das Potential der freien Gestaltung des Subjekts im Virtuellen in Bezug auf Autorschaft, Technik und Körper eingeschränkt betrachtet werden muss. Schließlich ist die Spielhandlung zum einen immer auch von der Reaktion anderer abhängig und zum anderen setzt die rein textbasierte Welt dem Subjekt bei der Darstellung des Selbst und der Repräsentation des Körpers Grenzen.

Eine Auseinandersetzung mit dem Begriff des Multiplen hat daraufhin eine brisante Paradoxie offensichtlich werden lassen: In heutiger Zeit wird Multiplizität einerseits als Krankheitsbild ‚kritisiert', andererseits jedoch auch als Paradigma der Moderne und Postmoderne ‚bejaht'. Im Virtuellen kann der Teilnehmer eine multiple Identität ausbilden. Dieser Prozess wird als ‚*identity switch*' bezeichnet, meint jedoch weniger, dass im MUD zwischen der Identität des ‚*real life*' und der Identität des Virtuellen ‚geswitcht' wird, als dass vielmehr Online-Persönlichkeit/en an der Modifikation der realweltlichen Identität beteiligt sind. Die Steuerung von verschiedenen virtuellen Charakteren lässt sich als netzimmanenter ‚*identity switch*' bezeichnen, während Amys Fall einen ‚*identity switch*' zwischen ‚*real life*' und Cyberwelt veranschaulicht hat. Zwar spielt Amy nur eine einzige Figur in der virtuellen Welt, nutzt diese jedoch um an ihrer realweltlichen Identität zu arbeiten.

Während MUD-Spieler bewusst multiple Charaktere kreieren können, verfügen MPS-Patienten eher über alternierend und unkontrolliert auftretende Alter-Persönlichkeiten. Jene Persönlichkeiten sind in sich wandelbar und selbständig, was sie sie als eigenständige Identitäten charakterisieren lässt. Im Gegensatz zu virtuellen Figuren lassen sich die einzelnen Alter-Persönlichkeiten jedoch nicht bewusst und schon gar nicht parallel steuern.

Diese Arbeit hat gezeigt, dass Kategorien wie Identität, Authentizität, Realität und Simulation überdacht werden sollten. Wenn Identität als kreativer Prozess fortwährenden Wandels begriffen wird, stellt sich gar die Frage, ob dann nicht gerade MUD-Spieler der ‚Natur' des Menschen entsprechen. Schließlich gestalten gerade sie ihr Selbst wie ein Kunstwerk; „Multiplizität und Brüchigkeit" (Scherger 2000: 238) sind für diese extreme Form der Identitätsgestaltung wesentlich.

Warum jedoch immer mehr Menschen dem Reiz des Virtuellen erliegen beziehungsweise geradezu in die Welt des Cyberspace ‚flüchten', kann hier nur vermutet werden. Vielleicht versuchen die MUD-Spieler aus der heutigen Informationsgesellschaft auszubrechen. Möglicherweise hoffen sie so die nicht nur informierende, sondern auch durch Medien, Kommerzialisierung, Gesetze, Arbeiten, Pflichten etc. ‚formatierende' (vgl. Braun von/Dietze 1999: 12) Welt des ‚real life' verlassen zu können. Unbeantwortet soll jedoch bleiben, wie sinnvoll diese ‚Flucht' in die vordergründig ‚freie' Welt des Cyberspace tatsächlich ist. Schließlich zählt auch das kommerzialisierte Internet zu den Massenmedien, die die Menschen heute als ein Kollektiv beeinflussen, während Suggestibilität zu Formen individueller Beeinflussung in Bezug auf Krankheitsbilder wie der Multiplen Persönlichkeitsstörung führen kann.

6 Ausblick

Durch bedeutende Erkenntnisse in Gentechnologie und Computertechnik scheint eine neue Zeit angebrochen zu sein. Das Selbst und sein Körper stehen in seiner widerständigen und potentiell defizitären Materialität mehr denn je zur Disposition (vgl. Becker/Schneider 2000: 7). Während der empirische Leib in der Vergangenheit stets als „Kontingentes, Unverfügbares gedeutet [wurde], der sich trotz allen Bemühens einer rationalen Kontrolle immer wieder entzogen" (Becker 2000: 25) hat, sind heute Eingriffe in das ‚Buch des Lebens' möglich geworden. Biologisch-medizinische Genmanipulation und radikale Auffassungen des Transhumanismus zeigen, dass ehemalige Distinktionen von Schaffen und Geschaffenem, Körper und Geist, Einheit und Multiplizität überschritten werden. Warum sollte ein Mensch nun einen Klon von sich selber machen wollen,

[w]enn nicht, um die eigene Einmaligkeit zu feiern? Aber kann man das einmalige Selbst durch dessen Multiplikation feiern? (Braun von/Dietze 1999: 6)

Diese Frage steht stellvertretend für einen Widerspruch, der die gesamte moderne Philosophie und Psychologie bestimmt: Auf der eine Seite das sich selbst feiernde Selbst und auf der anderen Seite eine Auflösung aller tradierten Vorstellungen von Individuum und Identität.

Nicht nur die Kunst, sondern auch die Natur sind „in das Zeitalter ihrer technischen Reproduzierbarkeit eingetreten" (Kuni 2000: 51). Die Gentechnologie ermöglicht heute, einen Eingriff in essentielle Vorgänge des Lebens: Dem Menschen ist es gelungen, „den genetischen Code der Natur zu verändern und damit die Grenzen der Spezies zu durchbrechen" (ebd.). Auch die Natur scheint im 21. Jahrhundert keine feste Größe mehr zu sein. Das sich durch den Cyberspace dem Menschen ermöglichende gottgleiche Schaffungspotential hat auch die Erschaffung von realweltlichem Leben erreicht.

Ruf meint, dass sich mit der Entstehung der modernen Genetik zu Beginn des 20. Jahrhunderts eine fundamentale Neubestimmung des Lebens (vgl. Ruf 2001: 272f.) vollziehe. Das wesentliche Merkmal des Lebens bestehe von nun an in einer in den Genen codierten Botschaft. Die Molekularbiologie habe „das Geheimnis des Lebens enthüllt" (ebd.: 273) und könne „eine neue Form des Menschen" (ebd.: 274) erschaffen. Auf Grund der Lesbarkeit der DNA entstehe folglich eine neuartige Form der Kontrolle des Lebens. Das Geheimnis des Lebens sei nicht mehr in einem verborgenen Organisationsplan situiert, sondern „in der linearen <Buchstabenfolge> der DNA" (ebd.: 276).

Er bilanziert, dass der Mensch aktuell zwar zur Disposition stehe und in eine Mannigfaltigkeit von Kräfteverhältnissen einzutreten scheint, meint jedoch, dass „über deren Lebbarkeit im buchstäblichen Sinne noch nicht entschieden" (ebd.: 285) sei. Er hofft auf die „Unabsehbarkeit der Zukunft des Menschen" (ebd.: 286); auf die Unbestimmtheit der ‚future bodies'.

Die allgemeine kulturelle Tendenz der Ausblendung und Kontrolle des Körpers findet ihren Höhepunkt in den Visionen der Transhumanisten, „die eine vollständige Manipulierbarkeit des Körpers zwecks Überwindung seiner Fragilität und Sterblichkeit zum obersten Ziel ihrer Bemühungen machen und davon träumen, einen reinen Geist an die Stelle eines verkörperten Bewusstseins zu setzen" (Becker 2000: 27).

Das Dasein als Cyborg, ein Mischwesen aus Mensch und Maschine, stellt nach Ansichten der Transhumanisten lediglich ein Zwischenstadium zum total digitalisierten Menschen dar. Verfechter des Transhumanismus wie Hans Moravec oder Ray Kurzweil vertreten die Auffassung, dass die menschlichen Sinne komplett in das Computersystem geladen werden sollten und so den physischen Körper zu erübrigen. Der Körper sei träge und in Anbetracht der hohen Rechengeschwindigkeiten des Computers nutzlos. In diesem Sinne kommentiert Kurzweil:

> Still, I regard the freeing of the human mind from its severe physical limitations as a necessary next step in evolution. [...] Evolution moves toward greater complexity, elegance, intelligence, beauty, creativity and love (http://www.kurzweilai.net/articles/Art0157.html?m=5).

Ziel dieser Gedanken zur Überwindung des Körpers ist es, das Altern, Krankheiten und sogar den Tod überwinden zu wollen und in das ewige Leben im Cyberspace über zu treten. Zweifellos ein anmaßendes Vorhaben, wenn man realisiert und anerkennt, dass Geburt und Tod seit Menschengedenken zur menschlichen Existenz unabdingbar dazu gehören. So meint auch Gaaders Sofie:

> Erst wenn sie ganz stark empfand, daß sie eines Tages ganz verschwunden sein würde, ging ihr richtig auf, wie unendlich wertvoll das Leben war. Es war wie die beiden Seiten einer Münze, einer Münze, die sich immer wieder umdrehte. Und je größer und deutlicher die eine Seite der Münze war, um so größer und deutlicher wurde auch die andere. Leben und Tod waren zwei Seiten derselben Sache (Gaarder 1993: 11).

7 Bibliographie

Adamowsky, Natascha: *Spielfiguren in virtuellen Welten*. Frankfurt a.M./New York: Campus Verlag 2000.

Bahl, Anke: *Zwischen On- und Offline. Identität und Selbstdarstellung im Internet*. 2. Aufl. München: Kopaed Verlag 2002.

Bahl, Anke: „Spielraum für Rollentäuscher. MUDs: Rollenspielen im Internet". In: c't. magazin für computer technik, Heft 8 (1996), S. 94-100.

Barthes, Roland: *Le plaisir du texte*. Paris : Éd. Du Seuil 1973.

Bateson, Gregory: „Eine Theorie des Spiels und der Phantasie". In: Bateson, Gregory: *Ökologie des Geistes. Anthropologische, psychologische, biologische und epistemologische Perspektiven*. Frankfurt a.M.: Suhrkamp 1999, S. 241-261.

Bausinger, Hermann: „Identität". In: Bausinger, H./Jeggle, U./Korff, G./Scharfe, M. (Hrsg.): *Grundzüge der Volkskunde*. Darmstadt: Wissenschaftliche Buchgesellschaft 1978, S. 204-263.

Beck, Ulrich: *Risikogesellschaft. Auf dem Weg in eine andere Moderne*. Frankfurt a.M.: Suhrkamp 1986.

Beck, Ulrich/Beck-Gernsheim, Elisabeth: „Individualisierung in modernen Gesellschaften - Perspektiven und Kontroversen einer subjektorientierten Soziologie". In: Beck, Ulrich/Beck-Gernsheim (Hrsg.): *Riskante Freiheiten*. Frankfurt a.M.: Suhrkamp 1994, S. 10-39.

Becker, Barbara: „Elektronische Kommunikationsmedien als neue ‚Technologien des Selbst'". In: Huber, Eva (Hrsg.): *Technologien des Selbst. Zur Konstruktion des Subjekts*. Basel/Frankfurt a.M..: Stroemfeld 2000, S. 17-30.

Becker, Barbara/Schneider, Irmela (Hrsg.): *Was vom Körper übrig bleibt. Körperlichkeit – Identität – Medien*. Frankfurt/New York: Campus Verlag 2000b.

Becker, Barbara: „Cyborgs, Robots und Transhumanisten – Anmerkungen über die Widerständigkeit eigener und fremder Materialität". In: Becker, Barbara/Schneider, Irmela (Hrsg.): *Was vom Körper übrig bleibt. Körperlichkeit – Identität – Medien*. Frankfurt/New York: Campus Verlag 2000c, S. 41-70.

Becker, Barbara/Mark, Gloria: "Constructing Social Systems through Computer-Mediated Communication". In: *Virtual Reality*. London: Springer Verlag 1999, S. 60-73.

Becker, Barbara/Funken, Christiane: "Inszenierung von Geschlecht in virtuellen Räumen". In: Drossou, Olga/Haaren, Kurt van/Hensche, Detlef et al. (Hrsg.): *Machtfragen der Informationsgesellschaft*. Marburg: BdWi-Verlag 1999, S. 667-672.

Becker, Barbara/Paetau, Michael (Hrsg.): *Die Virtualisierung des Sozialen. Die Informationsgesellschaft zwischen Fragmentierung und Globalisierung*. Frankfurt a.M./New York: Campus Verlag 1997.

Becker, Barbara: "Virtuelle Identitäten: Die Technik, das Subjekt und das Imaginäre". In: Becker, Barbara/Paetau, Michael (Hrsg.): *Die Virtualisierung des Sozialen. Die Informationsgesellschaft zwischen Fragmentierung und Globalisierung*. Frankfurt a.M./New York: Campus Verlag 1997, S. 163-184.

Bell, Daniel: "Kultur und Bewusstsein in der postindustriellen Gesellschaft". In: Conrad, Christoph/Kessel, Martina: *Geschichte schreiben in der Postmoderne. Beiträge zur aktuellen Diskussion*. Stuttgart: Philipp Reclam junior 1994.

Bennett, Tony: "Cultural Studies. A Reluctant Discipline". In: Cultural Studies, vol. 12 (1998), S. 528-545.

Bleuler, Manfred: "Schizophrenie als besondere Entwicklung". In: Dörner, K. (Hrsg.): *Neue Praxis braucht neue Theorie*. Gütersloh: Verlag Jakob von Hoddis 1987, S. 18-25.

Braun, Christina von: *Nicht ich. Logik, Lüge, Libido*. Frankfurt a.M.: Verlag neue Kritik 1999.

Braun von, Christina/Dietze, Gabriele (Hrsg.): *Multiple Persönlichkeit. Krankheit, Medium oder Metapher?* Frankfurt a.M.: Verlag neue Kritik 1999.

Bronfen, Elisabeth: "Die Versuchung des Körpers". In: *du. Die Zeitschrift der Kultur. Themenheft: Hautnah.Bilder und Geschichten vom Körper*. 4 (1998), S. 40-42.

Brunner, Reinhard: "Die Fragmentierung moderner Gesellschaften". In: Becker, Barbara/Paetau, Michael (Hrsg.): *Die Virtualisierung des Sozialen. Die*

Informationsgesellschaft zwischen Fragmentierung und Globalisierung. Frankfurt a.M./New York: Campus Verlag 1997, S. 11-28.

Bruner, Jerome: *Acts of meaning. Four Lectures on Mind and Culture.* Cambridge, MA: Harvard University Press 1990.

Carroll, Lewis: *Alice im Wunderland.* Frankfurt a.M.: Insel Verlag 1994.

Castells, Manuel: *Die Macht der Identität. Teil 2 der Trilogie. Das Informationszeitalter.* Opladen: Leske + Budrich 2002.

Chodoff, Paul: „More on multiple personality disorder". *American Journal of Psychiatry*, 144 (1987), S. 124.

Crites, Stephen: „Storytime: Recollecting the past and projecting the future". In: Sarbin, T.R. (Hrsg.): *Narrative psychology. The storied nature of human conduct.* New York: Praeger 1986.

Danet, Brenda: „Text as Mask: Gender, Play, and Performance on the Internet". In: Jones, Steven J. (Hrsg.): *Cybersociety. Revisiting Computer-Mediated Communication and Community.* Newbury Park CA: Sage Publications, Inc. 1998, S. 129-157.

Der Spiegel 52 (1996): *„Der multiplizierte Mensch' und ‚Ich bin viele'. Die Soziologin Sherry Turkle über den Einfluß des Computers auf den Alltag.*

Dery, Mark: *Cyber. Die Kultur der Zukunft.* Berlin: Volk & Welt 1996.

Diemers, Daniel: *Die virtuelle Triade.* Bern/Stuttgart/Wien: Verlag Paul Haupt 2002.

Dietze, Gabriele: „Multiple Persönlichkeit und Multiple Choice in den USA". In: Braun, Christina von /Dietze, Gabriele (Hrsg.): *Multiple Persönlichkeit. Krankheit, Medium oder Metapher?* Frankfurt a.M.: Verlag Neue Kritik 1999, S. 202-235.

Ellrich, Lutz: „Der medialisierte Körper". In: Becker, Barbara/Paetau, Michael (Hrsg.): *Die Virtualisierung des Sozialen. Die Informationsgesellschaft zwischen Fragmentierung und Globalisierung.* Frankfurt a.M./New York: Campus Verlag 1997, S. 135-162.

Erikson, Erik H.: *Identität und Lebenszyklus.* Frankfurt a.M.: Suhrkamp 1966.

Erikson, Erik H.: *Einsicht und Verantwortung*. Stuttgart: Klett 1964.

Fahy, T.A.: „The diagnosis of multiple personality disorder: A critical review". British Journal of Psychiatry, vol. 153 (1988), S. 597-606.

Fend, Helmut: *Identitätsentwicklung in der Adoleszenz. Lebensentwürfe, Selbstfindung und Weltaneignung in beruflichen, familiären und politischweltanschaulichen Bereichen. Entwicklungspsychologie der Moderne*, Band II. Bern: Huber 1991.

Fenves, Peter: „Alterity and Identity, Postmodern Theories Of". In: *Routledge Encyclopedia of Philosophy*, Version 1.0. London: Routledge 1998, S. 1-8.

Funken, Christiane: „Köpertext oder Textkörper – Zur vermeintlichen Neutralisierung geschlechtlicher Köperinszenierungen im elektronischen Netz". In: Becker, Barbara/Schneider, Irmela (Hrsg.): *Was vom Körper übrig bleibt. Körperlichkeit – Identität – Medien*. Frankfurt/New York: Campus Verlag 2000, S. 103-130.

Gaarder, Jostein: *Sophies Welt. Roman über die Geschichte der Philosophie*. München/Wien: Carl Hanser Verlag 1993.

Gates, Henry Louis: „Das Schwarze der schwarzen Literatur. Über das Zeichen und den ‚Signifying Monkey'". In: D. Diederichsen (Hrsg.): *Yo! Hermeneutics. Schwarze Kulturkritik*. Berlin/Amsterdam: Id Verlag 1993, S. 177-189.

Gergen, Kenneth J.: *Das übersättigte Selbst: Identitätsproblematik im heutigen Leben*. Heidelberg: Carl-Auer-Systeme 1996.

Gergen, Kenneth J./Gergen Mary M.: "Narrative and self relationship". In: Berkowitz, L. (Hrsg.): *Advances in experimental social psychology*. New York: Academic Press 1988, S. 17-56.

Gergen Kenneth J./Gergen Mary M.: *Historical social psychology*. Hillsdale, NJ: Lawrence Erlbaum 1984.

Gibson, William: *Neuromancer*. New York: Ace Books 1984.

Giddens, Anthony: *Konsequenzen der Moderne*. Frankfurt a.M.: Suhrkamp 1996.

Giddens, Anthony: *Modernity and self-identity*. Cambridge: Polity Press 1991.

Glass, James M.: *Shattered Selves. Multiple Personality in a Postmodern World*. New York: Cornell University Press 1993.

Goffman, Erving: *Wir alle spielen Theater. Die Selbstdarstellung im Alltag*. 2. Aufl. München: Piper 1973.

Goffman, Erving: *Stigma. Über Techniken der Bewältigung beschädigter Identität*. 2. Aufl. Frankfurt a.M.: Suhrkamp 1967.

Graumann, Carl F.: „On multiple identities". *International Social Science Journal*, 35 (1983), S. 309-321.

Hacking, Ian: *Multiple Persönlichkeit. Zur Geschichte der Seele in der Moderne*. München/ Wien: Carl Hanser Verlag 1996.

Hall, Stuart: „Kodieren/Dekodieren". In: Ralf Adelmann, Jan O. Hesse und Judith Keilbach (Hg.): *Grundlagentexte zur Fernsehwissenschaft. Theorie – Geschichte – Analyse*. Konstanz: UVK 2000, S. 105-124.

Ders.: „The Question of Cultural Identity". In: Hall, Stuart/Held, David/McGrew, Anthony (Hrsg.): *Modernity and its Futures*. Cambridge: Polity Press 1992, S. 274-325.

Ders.: „The Emergence of Cultural Studies and the Crisis of the Humanities". In: *October*, vol. 53 (1990), S. 11-23.

Ders.: *The Intellectual Development of the Centre*. Stencilled Paper, Nov. 1972.

Ders.: „Politics of Adolescence?" In: *URL*, No. 16 (1959), S. 2-4.

Ders.: „A Sense of Classlessness". In: *URL*, No.5 (1958), S. 26-32.

Handler, Richard: „Anthropology is Dead! Long Live Anthropology!" In: American Anthropologists, vol. 95 (1993), S. 991-995.

Hardy, B.: „Towards a poetics of fiction: An approach through narrative". *Novel*, 2, 1968, S. 5-14.

Harré, Rom: „Identity projects". In: Breakwell, G.M.: *Threatened identities*. Chichester: Wiley 1983, S. 31-51.

Harrison, Roger: „Multi User Dungeons". In: Bollmann, Stefan/Heibach, Christiane (Hrsg.): *Kursbuch Internet. Anschlüsse an Wirtschaft und Politik, Wissenschaft und Kultur*. Mannheim: Bollmann Verlag 1996, S. 298-313.

Haußer, Karl: *Identitätspsychologie*. Berlin: Springer 1995.

Hayles, N. Katherine: „The Seduction of Cyberspace". In: Adermatt, Verena (Hrsg.): *Rethinking Technologies*. Minneapolis: University of Minnesota Press: 1993, S. 173-190.

Held, Tilo: „Multiple Persönlichkeit – ein psychiatriepolitisches Konstrukt". In: Braun, Christina von /Dietze, Gabriele (Hrsg.): *Multiple Persönlichkeit. Krankheit, Medium oder Metapher?* Frankfurt a.M.: Verlag Neue Kritik 1999, S. 18-31.

Hitzler, R./Honer, A.: „Bastelexistenz. Über subjektive Konsequenzen der Individualisierung". In: Beck, U./Beck-Gernsheim, E. (Hrsg.): *Riskante Freiheiten. Individualisierung in modernen Gesellschaften*. Frankfurt a.M.: Suhrkamp 1994.

Hoggart, Richard: *The Uses of Literacy. Aspects of working-class life with special reference to publications and entertainments*. Harmondsworth: Penguin 1976 (1957).

Howell, Signe: „Cultural Studies and Social Anthropology. Contesting or Complementary Discourses?" In: Nugent/Shore (Hrsg.): *Anthropology and Cultural Studies*. London/Chicago: Pluto Press 1997, S. 103-125.

Hunziker, Peter: *Medien, Kommunikation und Gesellschaft. Einführung in die Soziologie der Massenkommunikation*. Darmstadt: Wissenschaftliche Buchgesellschaft 1996.

Isensee, Reinhard: „Multiplizität und Identität im Internet". In: Braun, Christina von /Dietze, Gabriele (Hrsg.): *Multiple Persönlichkeit. Krankheit, Medium oder Metapher?* Frankfurt a.M.: Verlag Neue Kritik 1999, S. 105-116.

Iser, Wolfgang: *Das Fiktive und das Imaginäre*. Frankfurt a.M.: Suhrkamp 1993.

Ito, Mizuko: „Virtually Embodied: The Reality of Fantasy in a Multi-User Dungeon". In: Porter, David (Hrsg.): *Internet Culture*. New York/London: Routledge 1997, S. 87-110.

James, William: *Principles of psychology*. New York: Dover 1950.

Kellner, Douglas: „Popular culture and the construction of postmodern identities". In: Lasch, S./Friedman, J.: *Modernity & identity*. Oxford UK: Blackwell 1992, S. 141-177.

Keupp, Heiner: „Identität". In: *Lexikon der Psychologie* (CD-Rom). Heidelberg: Spektrum-Akademischer Verlag 2000, S. 1-4.

Keupp, Heiner: „Auf dem Weg zur Patchwork-Identität?" *Verhaltenstherapie und psychosoziale Praxis*, Nr. 20 (4) (1988), S. 425-438.

Kittler, Friedrich A.: „Das Subjekt als Beamter". In: Frank, M. et al. (Hrsg.): *Subjekt, Person, Individuum. Die Frage nach dem Subjekt*. Frankfurt a.M.: Suhrkamp 1988.

Knoblauch, Hubert (Hrsg.): *Kommunikative Lebenswelten. Zur Ethnographie einer geschwätzigen Gesellschaft*. Konstanz: Universitätsverlag 1996.

Kolesch, Doris: *Die ästhetische Inszenierung von Subjektivität*. Wien: Passagen Verlag 1996.

Krappmann, Lothar: „Die Suche nach der Identität und die Adoleszenzkrise. Neuere Überlegungen in der Weiterarbeit an Eriksons Modell der Identitätsbildung" In: Biermann, G. (Hrsg.): *Handbuch der Kinderpsychotherapie* (Bd. V). München: Ernst Reinhardt 1992, S. 102-125.

Kraus, Wolfgang: *Das erzählte Selbst. Die narrative Konstruktion von Identität in der der Spätmoderne*. Pfaffenweiler: Centaurus 1996.

Kuni, Verena: „Metamorphosen im Zeitalter ihrer technischen Reproduzierbarkeit". In: Huber, (Hrsg): *Techniken des Selbst*. Basel/ Frankfurt a.M.: Stroemfeld 2000, S. 51 - 76.

Laing, Ronald D./Phillipson H./Lee A.R.: *Interpersonelle Wahrnehmung*. Frankfurt a.M.: Suhrkamp 1971.

Levita de, David J.: *Der Begriff der Identität*. Frankfurt a.M.: Psychosozial-Verlag 1971.

Lifton, Robert Jay: *The Protean Self. Human Resilience in an Age of Fragmentation*. New York: Basic 1993.

Lohauß, P.: *Moderne Identität. Theorien und Konzepte*. Opladen: Leske + Budrich 1995.

Luhmann, Niklas: „Die Tücke des Subjekts und die Frage nach dem Menschen". In: Fuchs/Göbel (Hrsg.): *Der Mensch - das Medium der Gesellschaft*. Frankfurt a.M.: Suhrkamp 1994, S. 40-56.

Lyotard, Jean-F.: *Das postmoderne Wissen*. Graz: Edition Passagen 1986.

Martin, Emily: *Flexible Bodies*. Boston: Peacon Press 1994.

Mead, George Herbert: *Mind, self, and society*. Chicago: Chicago University Press 1934.

Meaghan Morris: *The Pirate's Fiancee: Feminism, Reading, Postmodernism*. London: Verso 1988.

Metzger, Werner: „Fastnacht, Fasching und Karneval als soziales Rollenexperiment. In: *Narrenfreiheit. Beiträge zur Fastnachtsforschung*. Tübingen: Tübinger Vereinigung für Volkskunde 1980, S. 203-226.

Meuter, Norbert: *Narrative Identität. Das Problem der personalen Identität im Anschluß an Ernst Tugendhat, Niclas Luhmann und Paul Ricoeur*. Stuttgart: M&P Verlag 1995.

Merleau-Ponty, Maurice: Das Sichtbare und das Unsichtbare. München: Fink 1980.

Miller, Karl: *Doubles. Studies in Literary History*. Oxford: Oxford University Press 1987.

Montaigne, Michel D.: *Essais*. Frankfurt a.M.: Insel Verlag 1998.

More, Max: „‚Virtue' und ‚Virtuality'". In: *Der Sinn der Sinne. Schriftreihe der Kunst- und Ausstellungshalle der BRD*. Bonn: Walther König 1998, S. 335-353.

More, Max: „Beyond the machine. Technology and Posthuman Freedom". In: *Proceedings of the Ars Electronica.* Wien/New York: Springer 1997, S. 121-130.

Morse, Margaret: „Virtually Life: Hybride Körper, Bildschirme und ‚Replikanten'". In: Schneider, Irmela/Christian W. Thompson (Hrsg.): *Hybridkultur. Medien, Netze, Künste.* Köln: Wienand Verlag 1997, S. 193-197.

Novak, Marcos: „Liquid Architectures in Cyberspace". In: Benedikt, Michael (Hrsg.): *Cyberspace. First Steps.* Massachusetts: MIT Press 1991, S. 225-254.

Platon: *Das Gastmahl.* München: Heimeran 1958.

Porter, David (Hrsg.): *Internet Culture.* New York/London: Routledge 1997.

Poster, Mark: *The Second Media Age.* Cambridge: Polity Press 1996.

Randow, Gero von: „Baustelle Mensch. Glückspille, Bodydesign, Zellenzucht: Was ist erlaubt?" *Die Zeit* Nr. 1, 58 (2003).

Reid-Steere, Elisabeth: „Das Selbst und das Internet: Wandlungen der Illusion von einem Selbst". In: Tiedeke, Udo (Hrsg.): *Virtuelle Gruppen. Charakteristika und Problemdimensionen.* Wiesbaden: Westdeutscher Verlag 2000, S. 273-291.

Ricoeur, Paul: *Zeit und Erzählung. Band II: Zeit und literarische Erzählung.* München: Fink 1989.

Rosenfeld, Uwe: *Der Mangel an Sein. Identität als ideologischer Effekt.* Giessen: Fokus Verlag 1984.

Rötzer, Florian: „Konturen der ludischen Gesellschaft im Computerzeitalter. Vom Homo Ludens zum ludo globi". In: Rötzer, Florian (Hrsg.): *Schöne neue Welten? Auf dem Weg zu einer neuen Spielkultur.* München: Klaus Boer Verlag 1995, S. 171-216.

Ruf, Simon: „Über-Menschen. Elemente einer Genealogie des Cyborgs". In: Keck, Annette/Pethes, Nicolas: *Mediale Anatomien.* Köln: Transcript Verlag 2001, S. 267-286.

Sarbin, Theodore R. (Hrsg.): *Narrative psychology. The storied nature of human conduct.* New York: Praeger 1986.

Scherger, Simone: „Die Kunst der Selbstgestaltung". In: Becker, Barbara/Schneider, Irmela (Hrsg.): *Was vom Körper übrig bleibt. Körperlichkeit – Identität – Medien.* Campus Verl.: Frankfurt/New York: Campus Verlag 2000, S. 235-252.

Schneider, Irmela: „Neue Medien in Mediendiskursen. Einige Überlegungen zur Analyse von Netzkommunikation". In: Becker, Barbara/Paetau, Michael (Hrsg.): *Die Virtualisierung des Sozialen. Die Informationsgesellschaft zwischen Fragmentierung und Globalisierung.* Frankfurt a.M./New York: Campus Verlag 1997, S.29-52.

Schreiber, Flora Rheta: *Sybil. Persönlichkeitsspaltung einer Frau.* Frankfurt a.M.: Fischer 1973.

Schroeder, Ralph: „Social Interaction in Virtual environments: Key Issues, Common Themes, and a Framework for Research". In: Schroeder, Ralph (Hrsg.): *The Social Life of Avatars.* London: Springer Verlag 2002, S. 1-18.

Sennett, Richard: *Verfall und Ende des öffentlichen Lebens. Die Tyrannei der Intimität.* Frankfurt a.M.: Fischer 1994.

Sparks, Colin: „The Evolution of Cultural Studies". In: *Screen Education,* No. 22 (1977), S. 16-30.

Stegbauer, Christian: „Online- Communities. Oder das vergebliche Bemühen um Gleichheit in virtuellen Gemeinschaften". In: Drossou, Olga/Haaren, Kurt van/Hensche, Detlef et al. (Hrsg.): *Machtfragen der Informationsgesellschaft.* Marburg: BdWi-Verl. 1999, S. 659-666.

Taylor, T.L.: „Living Digitally: Embodiments in V.W.". In: Schroeder, Ralph (Hrsg.): *The Social Life of Avatars.* London: Springer Verlag 2002, S. 40-62.

Turkle, Sherry: *Leben im Netz. Identität in Zeiten des Internet.* Reinbek: Rowohlt Taschenbuchverlag 1999.

Turkle, Sherry: „Computertechnologien und multiple Bilder des Selbst". In: Braun, Christina von /Dietze, Gabriele (Hrsg.): *Multiple Persönlichkeit. Krankheit, Medium oder Metapher?* Frankfurt a.M.: Verlag Neue Kritik 1999b, S. 86-104.

Turkle, Sherry: „Playing in the MUDs. Konstruktion und Rekonstruktion des Bewußtseins in der virtuellen Realität". In: Schneider, Irmela/Christian W.

Thompson (Hrsg.): *Hybridkultur. Medien, Netze, Künste.* Köln: Wienand Verlag 1997, S. 323-339.

Turkle, Sherry: „Identität in virtueller Realität". In: Bollmann, Stefan/Heibach, Christiane (Hrsg.): *Kursbuch Internet. Anschlüsse an Wirtschaft und Politik, Wissenschaft und Kultur.* Mannheim: Bollmann Verlag 1996, S. 315-331.

Wagner, Peter: *Soziologie der Moderne.* Frankfurt a.M.: Campus 1995.

Wetzstein, Th. A./Dahm, H./Steinmetz, L./Lentes, A./Schampaul, St./Eckert, R. (Hrsg.): *Datenreisende. Die Kultur der Computernetze.* Opladen: Westdeutscher Verlag 1995.

Widdershoven, Gay A. M.: „The story of life: Hermeneutic perspectives on the relationship between narrative and life history". In: Josselson, R./Lieblich A. (Hrsg.): *The narrative study of lives.* Bd. 1. Newbury Park: Sage 1993, S. 1-20.

Wilbur, Shawn P.: „An Archaeology of Cyberspaces: Virtuality, Community, Identity". In: Porter, David (Hrsg.): *Internet Culture.* New York/London: Routledge 1997, S. 5-22.

Williams, Raymond: *Culture and Society.* Harmondsworth: Penguin 1976 (1957).

Zahlmann, Frank: *Ich Selbst Identität.* Konstanz 1975.

Zurawski, Nils. „Gesellschaftsbilder der Informationsgesellschaft". In: Drossou, Olga/Haaren, Kurt van/Hensche, Detlef et al. (Hrsg.): *Machtfragen der Informationsgesellschaft.* Marburg: BdWi-Verlag 1999, S. 653-658.

Internetquellen

Bruckman, Amy S.: *Identity Workshop: Emergent Social and Psychological Phenomena in Text-Based Virtual Reality* (April 1992),
URL: http://www.cc.gatech.edu/~asb/papers/old-papers.html
Letzter Abruf: 20.03.2006

Bruckman, Amy S.: *Gender Swapping on the Internet* (August 1993),
URL: http://www.cc.gatech.edu/asb/papers/gender-swapping.txt

STUDIEN ZUM THEATER, FILM UND FERNSEHEN

- Band 1 Harald Buhlan: Theatersammlung und Öffentlichkeit. Vorüberlegungen für ein Konzept von 'Theatermuseum'. 1983.
- Band 2 Barbara Stritzke: Marieluise Fleißer. "Pioniere in Ingolstadt". 1982.
- Band 3 Meinhard Moschner: Fernsehen in Lateinamerika. Strukturen und Widersprüche einer abhängigen Kulturproduktion unter besonderer Berücksichtigung der Entwicklung in Kolumbien, Peru und Chile. 1982.
- Band 4 Michaela Giesing: 'Ibsens Nora und die wahre Emanzipation der Frau'. Zum Frauenbild im wilhelminischen Theater. 1984.
- Band 5 Norbert Münnig: Das Theater Schwarzamerikas. Von der Fremd- zur Selbstbestimmung. 1985.
- Band 6 Christiane Wedel: Die Theatertopographie des Londoner East End im 19. Jahrundert. 1987.
- Band 7 Stephanie Henseler: Soziologie des Kinopublikums. Eine sozialempirische Studie unter besonderer Berücksichtigung der Stadt Köln. 1987.
- Band 8 Pia Kleber: Exceptions and Rules: Brecht, Planchon and The Good Person of Szechwan. 1987.
- Band 9 Marietta Bürger: Fiktion und Realität im kubanischen Spielfilm der 70er Jahre. 1987.
- Band 10 Lorenz Engell: Vom Widerspruch zur Langeweile. Logische und temporale Begründungen des Fernsehens. 1989.
- Band 11 Gerda Ehrenbruch: Die freien Gruppen in der Tanzszene der Bundesrepublik. 1991.
- Band 12 Yvonne Spielmann: Eine Pfütze in bezug aufs Mehr. Avantgarde. 1991.
- Band 13 Kerstin Mehle: Blickstrategien im Kino von Bertrand Tavernier. 1991.
- Band 14 Sabine Gottgetreu: Der bewegliche Blick. Zum Paradigmawechsel in der feministischen Filmtheorie. 1992.
- Band 15 Karen Gesierich: Frauenprogramme im bundesdeutschen Fernsehen. 1992. 2., durchges. Aufl. 1993.
- Band 16 Joseph Garncarz: Filmfassungen. Eine Theorie signifikanter Filmvariation. 1992.
- Band 17 Sheila Och: Lenin im sowjetischen Spielfilm. Die Revolution verfilmt ihre Helden. 1992.
- Band 18 Lutz Hennrich: Theater der Jahrhundertwende in der Provinz am Beispiel des Stadttheaters Düsseldorf. 1992.
- Band 19 Michaela Krützen: The Most Beautiful Woman on the Screen. The Fabrication of the Star Greta Garbo. 1992.
- Band 20 Nadja van Keeken: Kinokultur in der Provinz. Am Beispiel von Bad Hersfeld. 1993.
- Band 21 Nicoläa Grigat: Madonnabilder. Dekonstruktive Ästhetik in den Videobildern Madonnas. 1995.
- Band 22 Annette Strauß: Frauen im deutschen Film. 1996.
- Band 23 Ralph J. Poole: Performing Bodies. Überschreitungen der Geschlechtergrenzen im Theater der Avantgarde. 1996.
- Band 24 Götz-T. Großhans: Fußball im deutschen Fernsehen. 1997.
- Band 25 Christiane Riecke: Feministische Filmtheorie in der Bundesrepublik Deutschland. 1998.
- Band 26 Sabine H. Smith: Sexual Violence in German Culture. Rereading and Rewriting the Tradition. 1998.
- Band 27 Angela Vennebusch: Die Neugliederung der deutschen Fernsehlandschaft. 1998.

Band 28 Thomas Kirsch: Brasiliens bewegende Bilder. Die Entwicklung der brasilianischen Film- und Fernsehwirtschaft unter besonderer Berücksichtigung staatlicher Interventionen. 1998.

Band 29 Hildegund Leo: Musik im Fernsehwerbespot. 1999.

Band 30 Steffi Pusch: Exemplarisch DDR-Geschichte leben. Ostberliner Dokumentarfilme 1989/1990. 2000.

Band 31 Christina Bartz: Zur Erzählstruktur der Remaskulinisierung. 2000.

Band 32 Claudia Gäbler: Theater an Ort und Stelle. Eine Analyse des Beziehungsgeflechts zwischen Theaterarbeit und Lebensraum am Beispiel des AGORA Theaters. 2000.

Band 33 Anselm C. Kreuzer: Filmmusik. Geschichte und Analyse. 2., erw. u. überarb. Aufl. 2003.

Band 34 Angelika Janssen: Deconstructing Woody Allen. Ein amerikanischer Filmemacher zwischen Kunst und Kommerz. 2002.

Band 35 Deirdre Mulrooney: Orientalism, Orientation, and the Nomadic Work of Pina Bausch. 2002.

Band 36 Oliver Meik: *Lola rennt* - aber wohin? Analyse, Interpretation und theologische Kritik eines postmodernen Films über den Menschen und seine Möglichkeiten. 2002.

Band 37 Amelie Soyka: Raum und Geschlecht. Frauen im Road Movie der 90er Jahre. 2002.

Band 38 Kerstin Huven: Gendering Images. Geschlechterinszenierung in den Filmen Pedro Almodóvars. 2002.

Band 39 Sabine Leipert: Autorinnenfilme - Französische Regisseurinnen der 90er Jahre. 2003.

Band 40 Claudia Gerhards / Renate Möhrmann (Hrsg.): Daily Talkshows. Untersuchungen zu einem umstrittenen TV-Format. 2002.

Band 41 Corinna Lemm-Mirschel: *Ein Weib tut wenig, plaudert viel.* Das Frauenbild in der literarischen Rezeption der Opern W.A. Mozarts und seiner Librettisten. Ein Beitrag zur Geschlechterforschung. 2005.

Band 42 Bärbel Sill: Le star system. Du cinéma hollywoodien classique (1930–1960) à sa renaissance dans les années 80. 2005.

Band 43 Silke Roesler: Identity Switch im Cyberspace. Eine Form von Selbstinszenierung. 2006.

www.peterlang.de

Angela Tillmann / Ralf Vollbrecht (Hrsg.)

Abenteuer Cyberspace
Jugendliche in virtuellen Welten

Frankfurt am Main, Berlin, Bern, Bruxelles, New York, Oxford, Wien, 2006.
199 S., zahlr. Abb. und Tab.
ISBN 3-631-54466-9 · br. € 25.80*

Die Kommunikationswelt des Internet ist für viele Jugendliche faszinierend. Sie ist voller Überraschungen, schnell, abwechslungsreich, spannend, aufregend – kurz ein „Abenteuer Cyberspace". Nicht zuletzt deshalb sind Jugendliche die intensivsten Nutzer des Internet. Das breite Spektrum jugendlicher Online-Aktivitäten ist im Detail jedoch noch wenig erforscht, denn bislang beschränkte sich die Mediensozialisationsforschung noch stark auf klassische Massenmedien. Die Autorinnen und Autoren dieses Bandes folgen den Spuren von Jugendlichen im Cyberspace und zeigen, auf welch vielseitige, eigenwillige und ausprobierende Weise Jugendliche das Medium nutzen. Sie geben einen Überblick über jugendliche Online-Aktivitäten, der die „Abenteuer" nicht nur darstellt, sondern auch theoretisch deutet.

Aus dem Inhalt: R. Vollbrecht: „Close the world – Open the nExt". Jugendliche im Cyberspace · A. Tillmann: Doing Identity: Selbsterzählung und Selbstinszenierung in virtuellen Räumen · K. Piotrowski: Online:Offline – Soziale Netzwerke von Jugendlichen · J. Mutzl: Fangemeinschaften im Internet: Fanspace – Fanplace – Fanstage · M. Groß: „All genders welcome" – Ladyfeste im Netz · D. Illing: „Richtige Männer schlafen auf der Tastatur!" Eine Einführung in die LAN-Party-Szene · F. von Gross: Das Netz der Gothics: Die schwarze Szene im Internet · M. Beyer: Fan-Fiktion im Internet. „Hier nehmen Fans das Schicksal ihrer Lieblinge selbst in die Hand" · T. Münch: Sammeln, Tauschen und mehr. Jugendliche Musiknutzer on- und offline · M. Schuegraf: Medienkonvergente Interaktionen im Kontext von Musikfernsehen – Das Internet als Partizipations- und Protestmedium · A. Klein: Wired Wonderland revisited. Beratungsforen für Jugendliche · K.-U. Hugger: Kommunikative Zwischenwelten. Über deutsch-türkische Jugendliche im Internet, Identität und transnationale soziale Räume

Frankfurt am Main · Berlin · Bern · Bruxelles · New York · Oxford · Wien
Auslieferung: Verlag Peter Lang AG
Moosstr. 1, CH-2542 Pieterlen
Telefax 00 41 (0) 32/376 17 27

*inklusive der in Deutschland gültigen Mehrwertsteuer
Preisänderungen vorbehalten

Homepage http://www.peterlang.de